RECOPILACIÓN Y AMPLIACIÓN DE MIS ARTÍCULOS DE INFORMÁTICA

FRANCISCO JAVIER FERNÁNDEZ MARTÍN

FRANCISCO JAVIER FERNÁNDEZ MARTÍN

RECOPILACIÓN Y ACTUALIZACIÓN DE MIS ARTÍCULOS DE INFORMÁTICA

Queda rigurosamente prohibida, sin la autorización escrita de los titulares del copyright, bajo las sanciones establecidas por las leyes, la reproducción total o parcial de esta obra por cualquier medio o procedimiento, comprendidos la fotocopia y el tratamiento informáticoTodos los derechos reservados

Primera edición: diciembre de 2024

© Del texto: Francisco Javier Fernández Martín
© Maquetación y diseño: Francisco Javier Fernández Martín
© Imagen de cubierta: Francisco Javier Fernández Martín

ISBN Tapa Blanda Amz.: 9798345950142
ISBN:
ISBN Ebook: s/n
ISBN Tapa Dura: 9798345949726
D.L.:
Impresión y encuadernación: Club de Autores

Cedro: 2024-11-08T12:11
Reg. PI: 59/925630.9/24

La lectura te hace más libre y construye una sociedad mejor.
La propiedad intelectual es clave en la creación de contenidos culturales porque sostiene el ecosistema de quienes escriben, de nuestras librerias y de las editoriales.
El autor y la editorial le agradecen que nos ayude a apoyar así la autonomía creativa de todos los autores para que puedan seguir desempeñando su labor. Dirígete a CEDRO (Centro Español de Derechos Reprográficos) si necesitas fotocopiar o escanear algún fragmento de esta obra. Puedes contactar con CEDRO a través de www.conlicencia.com o por teléfono en el 91 702 19 73 / 93 272 04 47.

El peligro de que las computadoras se vuelvan como los humanos no es tan grande como el peligro de que los humanos se vuelvan como las computadoras.

Konrad Zuse.

Die Gefahr, dass der Computer so wird wie der Mensch, ist nicht so groß wie die Gefahr, dass der Mensch so wird wie der Computer.

Konrad Zuse (original).

ÍNDICE

Introducción 8
1.- Compras por internet 10
2.- Almacenamiento 17
3.- Copias de seguridad 25
4.- Limpieza de ordenador a nivel hardware 29
5.- Limpieza de ordenador a nivel software...... 32
6.- Seguridad a nivel usuario 40
7.- Seguridad empresarial 50
8.- Sistemas operativos 52
9.- Videojuegos 56
10.- Ventilación y enfriamiento........................ 66
11.- Encriptación 69
12.- Formatos de vídeos 82
13.- Tecnología y ecología 87
14.- Mantenimiento de PC 88
15.- Bibliografía 95

INTRODUCCIÓN

Durante muchos años he escrito artículos de informática en blogs que ya no existen, como Webcindario, Somee, Yahoo Respuestas, etc., y en distintos medios a los cuales ya no hay acceso. Dichos artículos son a nivel usuario y accesibles para personas que carecen de conocimientos avanzados y técnicos pero que son necesarios para poder tener conocimientos de informática, también cabe destacar que fueran escritos en una época diferente y que mis conocimientos eran menores a los actuales. En informática, como en muchos otros gremios, siempre se aprende y se está en constante evolución. Este libro no es un manual como otro cualquiera, sino una recopilación de todos los trabajos que a lo largo de varios años he redactado. Debido a la antigüedad de los mismos, me veo obligado a realizar una adaptación y actualización tanto a los tiempos que corren, como al hardware y a «todas las versiones» de los sistemas operativos actuales. Algunos de esos artículos fueron escritos con sistemas operativos como Windows 7 (la mayoría durante la década anterior a la publicación de este libro) y, aunque en el año 2025 Windows 10 se queda sin soporte, es uno de los sistemas operativos más estables y que mejor rendimiento ha aportado durante sus años de funcionamiento, e incluso años después de la finalización del soporte, seguirá funcionando en muchos equipos, sobre todo empresariales. Cabe hacer especial mención a la versión LTSC. Versión más ligera y sin programas basura instalados en el sistema. Con el siguiente sistema operativo, Windows 11, el actual que comparte espacio con el último año de Windows 10, tiene una versión LTSC, pero de momento, a fecha de escritura de este libro, sin versión en español.

Windows 11 es un sistema enfocado a un tipo de hardware más táctil y con un diseño que es más parecido al de las tablets que a un sistema utilizado como se hacía con los sistemas operativos Windows. Sobre Linux, apenas tengo escritos porque mi formación siempre ha estado unida a Windows, quizá en un futuro realice alguna publicación al respecto, pero no tengo tantos conocimientos como se deberían tener para poder realizar una publicación de calidad, con mi habitual sistema de investigación y de aporte de conocimientos fáciles para la mayoría de públicos.

No existe un orden lógico de la publicación de los artículos más que las publicaciones que en sus años se hicieron, sin necesidad de que los primeros puestos sean más importantes que los últimos o viceversa.

1.- COMPRAS POR INTERNET

Está a la orden del día realizar compras por internet. Los métodos más habituales de pago son con tarjetas de crédito y, en algunos casos, con efectivo. También existen empresas como Paypal que garantizan o, mejor dicho, dan cierta garantía sobre el pago de artículos y el recibir los artículos. Ya parece raro pagar contra reembolso, aunque algunas páginas web lo siguen permitiendo.

Pero, ¿se está realmente seguros de lo que se hace? O, al menos, ¿se pone toda la seguridad posible?

La respuesta corta es no. Siempre se está seguro en la medida que internet es seguro, es decir, prácticamente no existe la seguridad total. Resulta interesante porque en el año que se publicó este artículo (hacia el 2011), existían muchas empresas de seguridad que tenían fama de ser las mejores del mercado; sin embargo, algunas noticias de hace años, han dejado en evidencia la seguridad real de las mismas y, sobre todo, la privacidad, pues muchas han sido denunciadas por vender a terceros datos personales, sobre todo de navegación (Eleconomista, 2015; Ferreño, Eder, 2020). Quizá en algunos casos se está seguro de lo que se hace, pero no siempre se pone toda la seguridad posible… para ello, se deja un listado de lo que se debería hacer cada vez que se compra por internet.

Lo primero es cerciorarse de que la web a la que se conecta tiene un certificado de seguridad, es decir, que está conectado con «Servidor Internet Security» activado, para evitar problemas. Lo normal es que se tenga antivirus (aunque en estos años de actualización de artículos, este aspecto podría quedar relegado, pues Windows trae un sistema bastante importante de seguridad, siempre y cuando no se visiten sitios peligrosos, o se descargue software sin saber su origen y fiabilidad, será suficiente)… pero, ¿qué ocurre con la seguridad pasiva, es decir, la que no es problema de un virus/troyanos/gusanos…? Si sólo se dispone de un antivirus, se deberá tener en cuenta la suplantación de identidad que se puede sufrir, para ello, es recomendable un equipo completo de seguridad.

Existen otras soluciones gratuitas: AVG, Avast, TotalAV, ScanGuard, Avira, MalwareBytes, Panda… pero en el mundo actual existe un dicho: «si algo es gratis, el producto eres tú».

Como segundo dato a tener en cuenta, hay que asegurarse de que no exista en el equipo ningún Keylogger. Los Keylogger son programas espía que obtienen todas las pulsaciones del teclado durante un tiempo concreto, una aplicación o bien, durante todo el tiempo que está encendido el equipo. Para ello existen algunas herramientas rápidas, tales como escanav (www.escanav.com), WindowsDefender, etc. En algunos casos existen soluciones on-line, pero no son recomendables, sobre todo por la concesión de permisos para leer archivos de tu propio equipo y, aunque a priri se puede confiar en el servicio, no se sabrá si realmente es el servicio original o ha sido hackeado.

Como tercer punto de seguridad, se deberá quitar cualquier programa P2P (u otros) para evitar tener abiertos puertos del ordenador innecesariamente. Al igual que si se están viendo cuentas bancarias, se debería realizar a través de una VPN o, bien, sin ninguna conexión abierta de ninguna aplicación, pues puede existir alguna vulnerabilidad momentánea.

🔒 https://www.bbva.es/
🔒 https://bancoonline.openbank.es
🔒 https://www.bancosantander.es
🔒 https://loc12.lacaixa.es/
🔒 https://oi.bankia.es/es/login?ref=cm
🔒 https://be.cajasegovia.es/paginas/login.asp

Imagen 1.- Webs seguras. Fuente: autor.

Otro aspecto a tener en cuenta es verificar, tal como se puso anteriormente, que en el momento de realizar el pago, siga poniendo la web desde la que se compra, es decir, si se realiza una compra en www.ebay.es, que se siga ahí y no haya cambiado por www.ebuy.es, por ejemplo.

Verificar al realizar el pago con visa que sale HTTPS y el candado abajo a la derecha en el navegador que se utiliza, o bien, arriba al lado de la dirección web (ver imagen anterior).

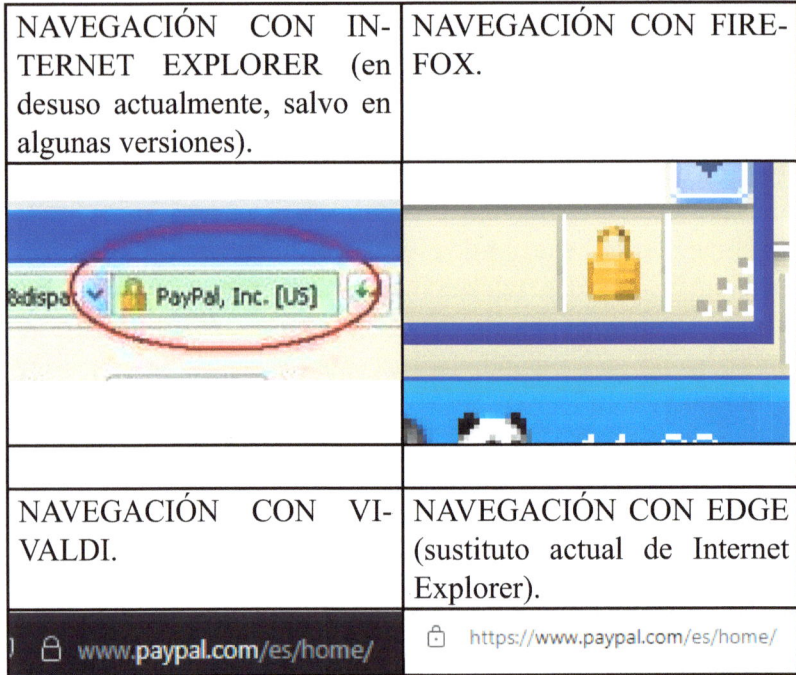

NAVEGACIÓN CON INTERNET EXPLORER (en desuso actualmente, salvo en algunas versiones).	NAVEGACIÓN CON FIREFOX.
NAVEGACIÓN CON VIVALDI.	NAVEGACIÓN CON EDGE (sustituto actual de Internet Explorer).

Como sexta recomendación, si es posible, llamar a la empresa donde se ha comprado para verificar que existe (aunque se conocen engaños de este tipo, como los que se simulan en la película Beekeeper, del actor Jason Statham, 2024) el pago y el pedido y ver que no haya sido un fraude, o bien, tratar de enviar algún correo a la mayor brevedad posible, aunque también existe cierto riesgo sobre esto.

Otra recomendación es: no hay que fiarse de un sitio donde se compra y no tiene dirección física. Se debe observar también si el sitio contiene errores ortográficos, si es un negocio nuevo o desconocido, si hay algo en la web o en la publicidad que parece excesivamente sospechoso o si nadie contesta al teléfono.

Otra recomendación es la de extremar la cautela con las compras en webs extranjeras y no se permita el pago a través de alguna web de garantías, como Paypal. Se debe prestar el doble de atención cuando se trata de un sitio web de otro país, ya que la legislación vigente en cuanto a política de privacidad o transacciones comerciales puede ser diferente. Si hay algún problema y se trata de un estado miembro de la UE se puede pedir información en el Centro Europeo del Consumidor, sino también se puede poner en contacto con la embajada del país correspondiente, aunque en este punto no siempre se puede recibir una respuesta satisfactoria.

Como novena advertencia, al finalizar el proceso de compra, debe aparecer una página que resuma la compra o incluso se enviará un e-mail de confirmación. Se debe guardar ese e-mail como oro en paño porque será el recibo y una prueba en caso de que haya que reclamar. Aunque también es importante solicitar una factura de compra y evitar pagar con VISA directamente, pues los trámites para reclamar un pago indebido a través de este sistema son laboriosos, aunque si se demuestra, el banco puede devolver el importe defraudado. También se puede imprimir la página en la que aparece la información de la empresa. Se debe guardar bien esta información hasta que termine el periodo de garantía o que se haya entregado el pedido.

Como última recomendación, para realizar compras por internet, normalmente, deberá tener un usuario/e-mail y una contraseña, ésta última debe ser lo más larga y complicada posible (sobre contraseñas se matizará en un capítulo aparte, el 12 sobre la encriptación), es decir, que debe utilizar: minúsculas, mayúsculas, números, caracteres especiales, alternar entre ellos y la longitud debe ser larga.

Existe actualmente un estudio con tarjetas gráficas y procesadores el tiempo estimado que se tarda en reventar una contraseña por fuerza bruta, es decir, ir probando combinaciones hasta dar con la clave. Así, por ejemplo, en el año 2024 una contraseña que sólo tenga números y sea de 10 caracteres de longitud, se obtiene de forma instantánea. Sin embargo, si la contraseña tiene 18 caracteres y contiene números, mayúsculas, minúsculas y símbolos, se tardarían más de 1.000 años (Hive Systems, 2024), para obtener este tipo de contraseñas se recomienda un almacén de contraseñas (ver capítulo 12, encriptación).

EJEMPLOS DE NOMBRES Y CONTRASEÑAS		
NOMBRES DE USUARIO	CONTRASEÑAS	EXPLICACIÓN
Antonio	dios	Esta clave es lo menos seguro que hay, sólo tiene minúsculas y es de 4 dígitos.
Antonio	Dios	Esta clave, no es mucho más segura que la anterior, sólo se diferencian en la mayúscula.
Antonio	Dios76	Esta clave es corta, sin embargo, es compleja por tener mayúsculas y números.
Antonio	tuDiosnoEsElmio14	Esta clave es muy compleja, al tener 16 dígitos, mayúsculas y números es prácticamente indescifrable.
Antonio	EstaClave14es%sEguRa	Esta es una de las más complejas, supera los 18 caracteres y además, tiene números, mayúsculas y símbolos por medio.

Además de este tipo de fuerza bruta, existe la obtención de contraseñas a través de diccionarios, el más famoso y completo hasta la fecha es el RockYou, es un diccionario de acceso libre, es decir, cualquiera con conocimientos de programación podría hacer comparaciones entre las líneas de este archivo y una contraseña. Dicho archivo está de acceso libre a través de servicios de Torrent. La última filtración conocida es el RockYour2024, que cuenta con más de 9.900.000.000 de contraseñas. Ocupa la friolera de más de 150 GB una vez descomprimido en texto plano (verificado en noviembre de 2024).

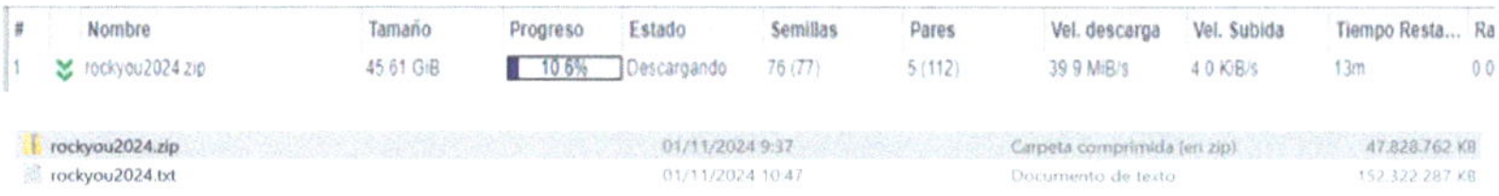

Imagen 2.- Lo que ocupa RockYou2024 y la facilidad de obtenerlo. Fuente: autor.

En el momento de escribir este artículo era raro que existieran diccionarios tan extensos por filtrado de contraseñas. De hecho, el texto original decía así:

> «Hay pocas formas de descifrar una clave, la más sencilla es preguntarla y la siguiente es la "fuerza bruta" la cual realizan programas con algoritmos y envíos de claves, primero con un diccionario de claves más usadas y después probando con letras, números y dígitos, a partir de 8 dígitos, cualquier ordenador actual estaría más de medio año para dar con la clave.»

Algo que ha quedado obsoleto, tal como se puede comprobar en la lista publicada por la empresa Hive Systems. Así mismo, hay que entender que esto ocurre porque empresas gigantes donde la gente se registra con usuario y contraseña tiene brechas de seguridad y fallos importantes, así le ocurrió a la DGT en España en 2024 (Maturana, 2024), PlayStation en 2024 (Ali Bravo, 2024), Iberdrola en 2024 (Cabrera, 2024), etc. Aunque en muchas de ellas no obtuvieron datos de acceso, como ocurrió con el Banco Santander en 2024, pero sí datos de carácter personal y sensible, como el domicilio y el número de DNI (Cabrera, 2024).

2.- ALMACENAMIENTO

Hoy en día es raro que no haya alguien que no disponga de un ordenador, portátil o sobremesa y como tal, también es raro encontrar gente que no tenga cualquier medio de almacenamiento adicional, como un disco duro externo, multimedia, pen drive… con distintas conexiones. En el texto original, allá por el año 2012, existía una cantidad de almacenamiento mucho más limitada que actualmente, pues la tecnología ha avanzado bastante, cada vez hay almacenamientos más grandes en cuanto a capacidad, en espacios más reducidos. En aquel año de escritura de este texto, los pen drive era rarísimo encontrarlos de más de 64 GB y, hoy en día, es prácticamente una anécdota poder hablar de capacidades de 8 GB como algo de uso habitual, cuando una película en alta definición ocupa bastante más que eso.

Se tratará de explicar, prácticamente a «nivel histórico», los distintos tipos de hardware que existían y que existen para almacenar información; para ampliar este conocimiento, se puede consultar el artículo sobre encriptación y copias de seguridad. También resulta interesante que todos estos medios, al menos en España, están gravados con impuestos porque se piensa que son medios para almacenar datos como copias privadas (Salgado, consultado 2024; BOE, 1996; Ríos, 2024)

Se tratará de ir viendo desde los más comerciales a los menos comerciales y a su vez, se irán viendo ventajas e inconvenientes de cada sistema de almacenamiento:

Discos duros convencionales: sin duda, son el medio más utilizado (también en el 2024, por los precios en relación al TB/€) para almacenar información, principalmente por su bajo coste (por ejemplo, por 35 € hay discos de 500 GB de capacidad en un disco duro a 7200 RPM en SATA 3 [a fecha de 2011], hoy en día estos precios varían, y rondan los 100 € unos 4 TB de capacidad). Dentro de este tipo de disco duro existen (existían) varios tipos de conexiones:

- SATA 3: «es la conexión más rápida y moderna hasta la fecha». Tiene capacidad de transferencia de hasta 6Gb/s y una frecuencia de 6000 MHz.
- SATA 2: es la conexión anterior al SATA 3, y es más lenta. Tiene una velocidad de transferencia de 3 Gb/s y una frecuencia de 3000 MHz.
- SATA 1: prácticamente esta conexión está descatalogada (igual que la anterior en el año 2024). Tenía una velocidad de 1.5 Gb/s y una frecuencia de 1500 MHz.
- IDE: fue una de las primeras conexiones que se hacían entre discos duros y placas base. Con la introducción del SATA1, se cambió el tipo de cable y el tipo de conector y todo evolucionó hasta el SATA 3, SAS, SSD por puertos M.2, etc.

Además de esto, tenía una velocidad máxima de transferencia de 166 Mb/s. En comparación entre ambos sistemas, el SATA es el más moderno y veloz. También hay que pensar que «las nuevas grabadoras están apareciendo en SATA y se empiezan a extinguir en IDE».

Sobre este tipo de discos duros existe la gran desventaja del tiempo de acceso, calentamiento y transferencias. Se debe recordar que estos discos son mecánicos, es decir, hay 2 platos giratorios que pasan por un lector, este lector se desplaza en función de las órdenes que se da y esto genera una pérdida de tiempo, pues hace que estos discos sean lentos en tanto al acceso de escritura y lectura, sin embargo, para almacenar datos son los más óptimos por su relación de precio. Dentro de estos discos se deben distinguir entre sus velocidades, algo que es bastante significativo tanto en calentamiento como en tiempo de acceso:

- 10.000 RPM: pocos discos duros tienen esta velocidad de giro, sin embargo, son los más rápidos en su categoría y época de discos mecánicos. La marca más conocida al respecto es Western Digital Velociraptor.
- 7.200 RPM: es la velocidad estándar en discos duros y la mejor en cuanto a la relación calidad/precio.
- 5.400 RPM: pocos son los discos duros que trabajan a tan baja velocidad, sin embargo, aún hoy en día se pueden encontrar algunos en portátiles. No son aconsejables por su lentitud.

Dentro de esos discos existen en varios tamaños (físicos), es decir, los hay tanto para portátil (2.5"), como para sobremesa (3.5"), de hecho los portátiles siempre se han caracterizado por ser los externos sin alimentación añadida y por su calentamiento.

También hay que resaltar que estos discos (al ser mecánicos) son propensos a romperse. Con cualquier pequeño golpe saltará el lector y rayaremos los platos del disco.

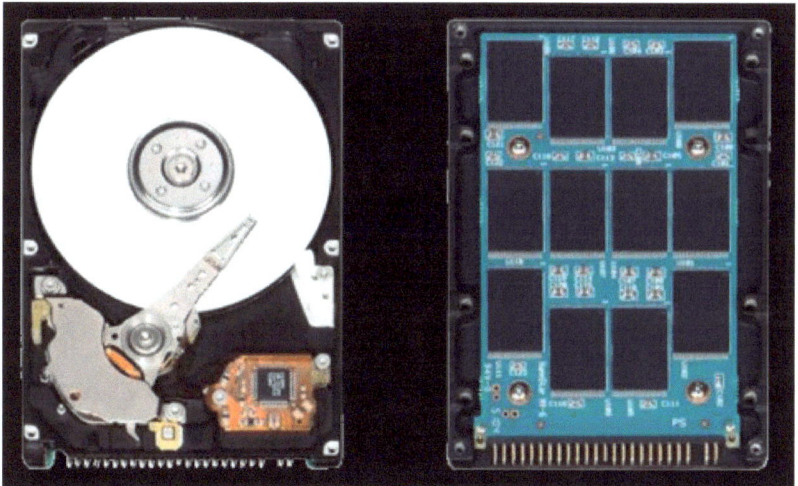

Imagen 3.- Disco Duro abierto. Fuente: autor.

Como se puede apreciar en la fotografía (3), el disco duro está compuesto por los discos y la aguja que los lee, en ese caso, con cualquier golpe, existirán problemas en su lectura, los cuales se podrán comprobar con algunos test.

Discos Duros Multimedia: pese a que la diferencia con los anteriores son nulas, se caracterizan por ser discos con una carcasa especial, que se utiliza para que se puedan reproducir películas/audio en la televisión directamente en casa (seguramente esto esté obsoleto al existir, en el 2024, otros sistemas mucho más fáciles y accesibles, tales como servidores de streaming o incluso aplicaciones tipo Plex. Son algo más caros que los anteriores y siempre tendrán el problema de la capacidad, que al meter muchas películas no se podrán tener siempre y se deberá disponer de otros medios de almacenamiento. Cabe añadir, que en estas carcasas se pueden poner cualquier disco duro, por ejemplo, uno mecánico como un SSD.

Discos Duros SSD: son unos discos duros que en tiempos de escritura de este artículo, apenas eran accesibles por su elevado costo. Se podían encontrar 120GB por algo más de 180€. En el 2024, al actualizar esta información, se puede decir que los 120 GB están rondando los 35 €. Así mismo, estos discos eran los más rápidos de la época. Hoy existen otras opciones mejores, pero cabe mencionar algunas de sus características:

- No usan sistemas mecánicos, usan sistemas magnéticos, es decir, graba y lee de un chip, no de un disco giratorio.
- Sus velocidades de acceso son 1.000 veces menores que las de cualquier disco mecánico.
- Es resistente a golpes (no muy fuertes, rondan los 2kg) por no llevar piezas mecánicas.

Como ejemplo, el SSD Kingston de la imagen 2. Tiene una conexión SATA 3, y unas tasas de transferencias de datos de 500 MB/s en lectura y 350 MB/s en escritura (Kingston, Consultado

Imagen 4.- SSD Kingston. Fuente: Amazon.es. Fecha: noviembre, 2024.

2024). Existen otras gamas más elevadas, pero tienen la limitación del puerto SATA 3.

Aunque en aquel momento eran discos bastante caros, si había posibilidad siempre era recomendable comprarlos, sobre todo para entusiastas de los videojuegos y de la velocidad. Como ejemplo, Windows 7 ultimate de 64 bits, tardaba en arrancar una media de 45 segundos con discos duros normales (7200rpm), en aquella época, con sólo hacer el cambio a un SSD, tardaría apenas 25 segundos; ahora imaginemos esto en torno a otros tipos de arranques, paquete de adobe, Visual Studio, CATIA, videojuegos en general…

Sin ninguna duda, la tecnología avanzó, y se fueron diseñando discos de diferentes tipos. Existen, en la actualidad, discos SSD m.2, que se conectan por un puerto M.2 que está limitado al puerto PCIExpress (en el 2024, ya existe el 5.0). Al seguir adelante, se crearon los discos MNVE, que tienen una tecnología diferente al SSD y ya no tiene esa limitación, sino que tiene la limitación del puerto, así, se pueden encontrar unidades MNVE por puerto M.2, que llegan a conseguir transferencias de 12.400 MB/s en lectura y 11.800 MB/s en escritura (MSI, Consultado 2024), eso sí, el precio al que puede ascender este tipo de medios de almacenamiento puede superar los 400 €, 2 TB de capacidad.

Así mismo, existen otras formas de conexión como el SAS, que se utiliza sobre todo para racks de discos duros y servidores de datos.

Pen Drive: Sin ninguna duda, es un dispositivo de almacenamiento muy utilizado tanto por su tamaño como por su precio, normalmente cuestan unos 2€, 1 GB de capacidad (16GB – 30€, a fecha de 2011). Actualmente no existen pen drivers de 1 GB, y el estándar ha aumentado hasta llegar a 1 TB, sin embargo, el precio a pagar es elevado, pues rondan los 100 €.

El principal problema que tenían es que era de poca capacidad (a tiempo de escribir este artículo, sólo había hasta 64GB y costaban 100€, lo que en 2024 cuesta el de 1 TB) y cualquier otro disco les supera con creces, por ello no son utilizados como un dispositivo cotidiano, es decir, que no se ponen en el ordenador para arrancar el sistema operativo, ni como medio de almacenamiento masivo. En este sentido, cabe realizar una matización sobre las modificaciones de velocidad y estándares que se han ido cambiando en este tipo de almacenamiento. En la época de escritura del artículo, existían los USB-A, es decir, la conexión habitual de un puerto USB, entre los que había distintos tipos, se mencionarán con la velocidad y se comparará con los actuales (Yúbal, 2021; Verbatim, Consultado 2024; Kingston, 2019):

USB 1.0	188 KB/s	USB 3.2 GEN 1	600 MB/s
USB 1.1	1,5 MB/s	USB 3.2 GEN 1. REV 2	1,25 GB/S
USB 2.0	60 MB/s	USB 3.2 GEN 2	1,25 GB/s
USB 3.0	600 MB/s	USB 3.2 GEN 2. REV 2	2,5 GB/s
USB 3.1 GEN 1	600 MB/s	USB 4.0	5 GB/s
USB 3.1 GEN 2	1,25 GB/s		

A partir del año 2019, se estandarizó el USB-C, pues ya se utilizaba en transferencia de información de datos con teléfonos móviles. Las tasas de transferencia y velocidad del USB-C fueron bastante superiores, el USB 4.0 ya es el estándar y la velocidad de transferencia llega a los 5 GB/s. Se creó, además, un puerto por parte de la compañía INTEL llamado Thunderbolt, hasta llegar a realizar conexiones también por USB-C con altas tasas de transferencia.

DVD/CD: Es sin duda el medio más económico y ya en desuso. En la época de escribir este artículo era muy utilizado pues el precio era realmente bajo: 80 céntimos el DVD y algo menos los CDs. Eran ideales para hacer copias de seguridad pequeñas (en DVD menos de 4.4GB y en CD menos de 800mb/700mb). Aunque sí es ciert, que son propensos a rayarse con facilidad si no se guardan en un lugar seguro.

Blue-Ray: Es muy parecido al anterior, y ha sido quien desbancó al DVD, incluso como medio para venta de películas. En aquella época eran mucho más caros (6 Blue-Rays – 50 €) pero tienen una capacidad brutal de almacenamiento: 50 GB a doble capa. En aquel momento las grabadoras de Blue-Ray no eran tan caras como podría parecer, rondaban los 80 €, algo que era bastante asequible si se tiene en cuenta que en aquellos años los lectores de sobremesa costaban 100 €… Por motivos de precios, tanto un sistema como el otro, ha sido sustituido por los discos duros externos, pues por precio y capacidad de borrado/grabado han tenido mucha mejor cogida en el mundo tecnológico.

A nivel histórico, en este artículo se explicaron otros medios de almacenamiento, que ya sí que están prácticamente extintos, pues ya lo estaban en la época de escritura de este artículo:

Discos de 5 ¼: hace décadas que dejaron de usarse, pues su capacidad fue de aproximadamente 1 MB.

Discos de 3.5": igual que el anterior fue de uso cotidiano, sin embargo, muchos equipos aun traían este dispositivo. Se debe recordar que los disquetes tenían una capacidad de 1.4 MB

¿dónde iríamos con estas capacidades a día de hoy?

Discos ZIP: son discos de los cuales también hace mucho que no se sabe nada, los primeros que había eran de 100 MB, ampliados a 250 y posteriormente a 750 MB, similares a un CD, sin embargo, a mi juicio, jamás llegaron a extenderse de una forma que hoy la gente pudiera tener alguno tirado por alguna caja vieja.

Imagen 5.- Disco de 5 1/4.   *Imagen 6.- Disco de 3,5".*

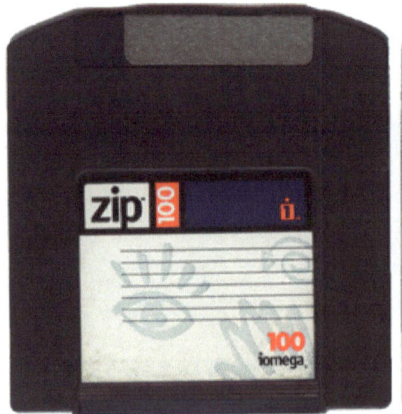 

Imagen 7.- Discos ZIP. Fuentes: autor.

3.- COPIAS DE SEGURIDAD

Hoy en día es algo habitual tener cientos de miles de datos en nuestros ordenadores, tanto en las empresas como en los personales. Cada persona le da la importancia a sus datos que debe darla, de hecho, seguramente más de alguno no tenga copias externas y, por tanto, si perdiera esos datos quizá le preocuparía poco, sin embargo, hoy en día que se realizan miles de fotografías con móviles o con cámaras digitales, cada vez es más habitual tener las fotos guardadas en los discos duros más que impresas y eso hace que se puedan presentar problemas de pérdidas de datos y no necesariamente por hackeos. El listado de archivos que uno puede almacenar es extensísimo, hoy en día más que en la época de escritura de este artículo, pues se pueden encontrar: libros digitales, fotografías de familiares o amigos, videos, trabajos, estudios, grabaciones de cursos, conferencias on-line, libros, y un sinfín de datos más.

Todo esto se puede solucionar con las copias de seguridad… hay muchas formas de hacerlas:

Discos duros externos.
Copias de seguridad On-Line.
Consumibles (cd, dvd, blu-ray…).

Se tratará de arrojar algo de luz hacia todos los tipos que son conocidos de copias de seguridad y se recomendarán unas u otras.

DISCOS DUROS: sin duda, este es el sistema más aconsejable, tanto por su facilidad de copia, como poder llevar éstos de un lado a otro. Debido a que el artículo anterior ya se abordó el tipo de almacenamiento que existía, no se repetirá la información, pero sí cabe mencionar que es importante entender los riesgos y beneficios de cada medio, así por ejemplo, almacenar grandes cantidades de datos en discos MNVE o SSD tienen un precio más elevado que si se realiza en un disco duro mecánico (HDD), además el HDD tiene el peligro de los golpes y los fallos de lecturas, pero los otros discos tienen problemas de cantidad de veces que se escribe en ellos y los ciclos de vida en función de su memoria, pero a su vez, si la información es menor pero se necesitan accesos rápidos, el planteamiento será diferente.

No hace falta decir que todos los datos introducidos en los discos duros deben ir encriptados o cuanto menos, comprimidos con una contraseña, para que en caso de pérdida o robo nadie obtenga estos datos (ver capítulo 12 sobre encriptación).

Tampoco se deben poner cercas de un móvil o de un imán, pues pueden dar problemas de corrupción de datos.

En este apartado cabría mencionar los PEN DRIVE, MEMORIAS FLASH, ETC., sin embargo, parece que las copias de hoy en día son tan grandes, que en estos dispositivos no cabrían, o se tendrían que hacerlas en varios medios distintos, pero serían parecidos a los discos duros SSD pero mucho más lentos.

ON-LINE: este sistema es recomendado hasta cierto punto. La ventaja de este sistema es que se tendría acceso a la copia siempre que se tenga un acceso a internet, lo cual es bueno para evitar llevar las cosas de un lado a otro, ahora bien, si se habla de seguridad y tiempo… ya se deberían subir los archivos bien comprimidos y encriptados, tanto para evitar estar horas y horas realizando las copias, como la seguridad que tienen los archivos a la hora de que cualquiera pueda acceder a ellos desde cualquier parte del mundo.

CONSUMIBLES: este sistema es también uno de los que antiguamente se recomendabala, tanto por su bajo precio <<depende del sitio suelen rondarlos 40/50 c el DVD>> (año 2012-2013) y permiten guardar 4.3 GB de datos. En el caso del CD, permite guardar pocos datos, 700 MB, y salen a proporción algo más caros que el DVD. El Blu-Ray, de momento era bastante caro, 6 BLU-RAYS ~ 50 €, aunque también permiten almacenar unos 45 GB de datos. Lo mejor de estos sistemas es su manejabilidad y portabilidad, además, se pueden leer prácticamente en cualquier sitio (a excepción del Blu-ray, pues en época del artículo era pronto para que todos los lugares cuenten con ese lector, y hoy en día, a 2024, ningún equipo trae de serie lector, ni de DVD y de Blueray, pues todo se ha vuelto contenido digital y es necesaria una conexión a internet para realizar descargas).

Todo esto ha sido referente a las copias de seguridad a nivel personal.

A nivel empresarial, hay muchas soluciones como, por ejemplo, las copias en cintas magnéticas o las copias en un RAID de discos duros. Aunque a día de la actualización de este artículo, el RAID se puede montar en casa por un precio bastante ajustado. Por ejemplo, un RAID de 3 discos duros con 1 redundante se puede tener por menos de 1.000 € (en este precio se puede incluir un ordenador barato, con un procesador con gráficos integrados, una placa base normalita sin muchas conexiones y todo lo necesario para el RAID).

Así mismo, se podrán tener varios discos duros mecánicos con 2 o 3 TB (unos 100 € por disco) hechos un RAID, que significa que actuarían todos como 1 sola unidad, o como espejo entre ellas (lo que copiemos en un disco, se copiará en el resto) obteniendo de esta forma, una gran cantidad de espacio para realizar copias de seguridad.

También se podría hacer con las cintas de IBM, es similar a los discos, solo que se tenían que ir cambiando las cintas cuando las copias vayan pidiendo espacio.

Otro sistema bastante importante es realizar las copias en empresas de seguridad, se realizan a través de una VPN (red virtual privada) y se almacenan en discos duros en cualquier parte del mundo (normalmente son en sitios que has ido para pedir presupuesto y demás), estos sistemas suelen ser buenos por si te han robado en la empresa y te quitan tus datos, además, el tipo de seguridad de estas empresas suele ser del mismo que un banco, es decir, sistemas normalmente bastante seguros y prácticamente sin riesgos. También existen las cajas de seguridad en bancos, siempre se puede alquilar una para guardar discos duros externos con datos importantes.

Cabe mencionar las copias de seguridad a nivel software, es decir, se formatea el equipo y queda perfecto, sin virus y con todo recién instalado; en ese momento, se podrá realizar una copia del sistema operativo y de todo lo instalado con un programa, por ejemplo, el *Norton Ghost*, de esta forma, siempre que se quiera tenerlo todo como hoy, que se ha formateado, con instalar esa copia de seguridad que rondará los 20/25 minutos, se tendría el sistema siempre limpio. Es parecido a la restauración del equipo de Windows. A fecha de actualización de este artículo, cabría mencionar que prácticamente no se usa un clonado de disco, sino que directamente se formatea el equipo de nuevo, pues el tiempo suele rondar los 15 minutos tanto con Windows 10, como con Windows 11 y los medios de almacenamiento rápidos que existen hoy en día, pues es habitual tener un SSD para el sistema operativo, lo que agiliza y acelera todo el proceso de instalación.

Hoy en día se pueden utilizar aplicaciones de comparación de archivos, uno de los habituales, que por desgracia fue descontinuado, era el programa SyncToy 2.0. Pero existen en el mercado otras soluciones, incluso algunas gratuitas o de código abierto, como el GoodSync, FreeFileSync, Rclone…

4.- LIMPIEZA DE ORDENADOR A NIVEL HARDWARE

Cada persona es libre de usar la forma que quiera de limpiar su equipo, unas son más rápidas y otras más lentas, unas dan una serie de problemas y otras traen otros; lo que a continuación se propone son las formas que mejor se han usado durante los años de trabajo en servicios técnicos, con sus pros y sus contras:

Compresor de Aire: este es ideal, siempre y cuando se saque el agua que queda condensada antes de apuntar al equipo (aunque con los equipos actuales apenas existe condensación). Su precio suele ser algo elevado (en torno a 100 €), pero merece la pena por las posibilidades que aportan de forma externa a sólo la limpieza, a citar: inflar ruedas, balones, limpiar el polvo de más aparatos, aires acondicionados, etc.

También depende del tamaño que se busque, existen desde 3 y 6 litros siendo los más pequeños, hasta 24 litros o industriales, los cuales, no es muy común tener en casa y ya pasan a ser poco manejables, pues lo ideal es uno de 3 o de 6 litros, que los venden en cualquier superficie comercial, son manejables para subirlo del garaje a la planta o para llevarlo a la calle y mover el equipo fuera para poder soplar.

El tamaño, aunque en imagen no se aprecia, es bastante parecido a un papel A3 en horizontal, lo cual para casa y cualquier armario es bastante cómodo (siempre que se tenga una parienta o padres comprensivos).

Botes de aire comprimido: este tipo de limpieza es bastante más económica, aunque todo depende de cuántas veces se limpie el equipo, un bote puede ser suficiente para unas 3 o 4 limpiezas y cuestan del orden de 10 € (en los años de escritura del artículo, a fecha de la actualización, pueden costar del orden de 5 € o menos), se pueden comprar en tiendas especializadas de informática, electrónica… El inconveniente que presenta este sistema, es que el aire de este bote tiene muy poca presión, y si la limpieza se realiza de cerca a los componentes del equipo, condensa el aire y suelta un agua que no es nada buena para cualquier cosa que lleve electricidad y sea cara.

Secador de pelo: aquí hay que aclarar que no sirve cualquier secador, debe ser profesional y debe tener la posibilidad de evitar que salga aire caliente. Es decir, «pulsando el botón azul de aire frío». Estos secadores suelen costar más que un compresor de aire (entre 100 y 1.000€, dependiendo de fabricante, potencia y características) y no es tan versátil, por ende, no tienden a utilizarse para este cometido.

Sopladores: estos son otra buena alternativa, sólo hay que arreglarles el tema de la precisión al soplar (por su gran boquilla de salida), suelen ser de bastante tamaño (a no ser que sean portátiles) y suelen salir por unos 20-100 €, en función de dónde se compren, aunque por su tamaño tienden a ser poco manejables y si se realizan limpiezas asiduamente, seguramente acabes lesionado de algún brazo.

Infladores de coches: estos aparatos no sirven para nada, primero porque suele ser complicado encontrarlos para red eléctrica de casa (suelen ser de mechero de coche de 12 v) y se debe de comprar un transformador y no suelen ser barato; Además no dan la suficiente presión como para sacar todo el polvo, pelusa, pelos, etc. que tenga el equipo, esto es debido a que no tiene Calderín y no coge presión el aire.

Brochas: hay mucha gente que usa las brochas de toda la vida para quitar el polvo que tienen los componentes, la idea en principio es buena, bastante lenta, pero buena, sin embargo, no todo es positivo.

Los pelos de la brocha sueltan electricidad estática, y no es nada bueno para los equipos ni los componentes.

Las brochas además no llegan a limpiar bien el polvo de ciertos sitios que el aire comprimido sí llega (el de compresor), por ejemplo, las zonas de los discos duros, zona de tornillos, la parte trasera de la placa base, etc. Para poder usar una brocha deberían de ser de un material que no generase electricidad estática o bien utilizar algún sistema para descarga.

En cualquiera de estos casos, no se debe olvidar evitar que se muevan los ventiladores, pese a que mucha gente dice que hay sistemas eléctricos en las placas base para evitar la electricidad que se genera de los ventiladores, siempre es mejor prevenir, que curar. Sujetando el ventilador para evitar que gire y que genere electricidad (actúa como una dinamo), se evitarán futuros problemas.

5.- LIMPIEZA DE ORDENADOR A NIVEL SOFTWARE

Lo primero que se debe de tener en cuenta es que hay cientos de miles de programas que sirven para la limpieza del equipo antes de formatear. Ya no sólo hay diferencia entre la época de escritura del artículo y hoy en día, sino que cuando se lea este libro dentro de 5 años, los programas habrán cambiado. Aunque es cierto que una vez aprendes la base y cómo funcionan, al final son todos bastante parecidos. En este artículo, se intentará explicar cuáles son bajo los usos de la época, los mejores programas o cuanto menos, algunos de los más eficaces (que incluso a fecha de actualización del libro, se siguen usando), lo cual no significa que no haya otros que sean igual de buenos o incluso mejores, cada persona es libre de elegir cómo limpiar su equipo. Por supuesto, se debe tener cautela a la hora de hacer estas operaciones y si alguien piensa no estar capacitado para ello, mejor que no lo haga, pues puede eliminar archivos necesarios del sistema.

A continuación, se muestran algunos nombres de Software de los que mejor rendimiento han dado, tanto por su uso, como por su accesibilidad:

Tune Up: Este software era uno de los más completos, permitía optimizar el equipo eliminando rastro de programas desinstalados, o programas que que no se borraron como es debido, tenía una interfaz bastante amigable y, en general, era fácil de manejar, daba avisos de todo y permitía solucionarlo con pocos clicks (imagen XX).

Los requisitos mínimos eran:

Procesador Intel Pentium / 1 GHz (por ejemplo PentiumM, Pentium 4) o procesador equivalente AMD; procesadores
        más veloces aportaran un rendimiento más veloz

1 GB de RAM

1 GB de espacio libre en el disco duro

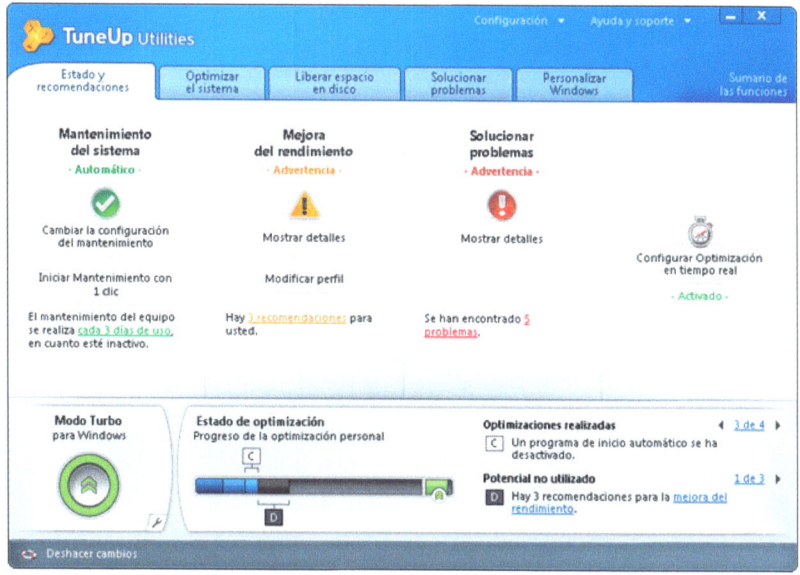

Imagen 8.- Programa Tune Up Utilities. Fuente: autor. Fecha: 2011.

Windows 2000, Windows XP Home and Professional, Windows Vista, Windows 7

RegCleaner: Este programa servía para limpiar el registro de Windows, eliminaba sus claves inválidas de programas que fueron eliminados y dejaban rastro. Este programa sufrió varias modificaciones en un interfaz, de hecho, la última versión antes de perderle de rastro, fue bastante similar al programa anterior:

Los requisitos mínimos son:

Sistema operativo: XP / Vista
Pentium II 233 Mhz / Win 95 / 64 MB

Imagen 9.- Programa Reg Cleaner. Fuente: autor. Fecha 2011.

RegCleaner 16JV: Similar al anterior pero bastante menos visual e intuitivo, sigue funcionando a fecha de actualización del artículo y es muy fácil de utilizar. Así mismo, se utiliza para limpiar el registro de Windows de todos los programas desinstalados que dejan rastro y de todo lo borrado (ver imagen 10 y 11).

Antivirus: Antes que reparar con los programas arriba mencionados, quizá se deba pasar un buen sistema antivirus, se recomienda la lectura del artículo sobre este tema.

CCleaner: Este programa hace la misma función que el segundo de este artículo. Es bastante más intuitivo y simple de usar, y sigue funcionando hoy en día, aunque hay que matizar que puede instalar cierta publicidad y hay uno que es de pago (ver imágenes 12, 13 y 14).

Otra de las opciones de este programa es que permite desinstalar aplicaciones, tal como se desinstalaría desde el panel de control, pero además añade la opción de borrar el rastro que deje.

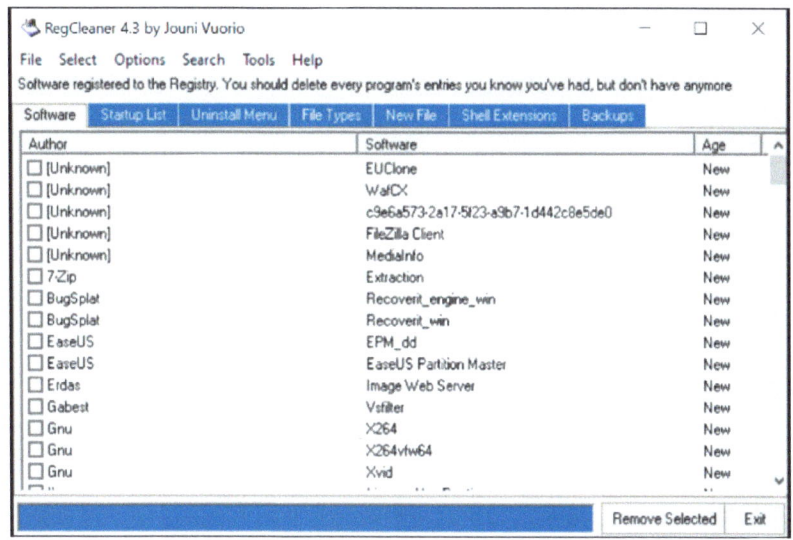

Imagen 10.- RegCleaner. Imagen principal. Fuente: autor. Fecha 2024.

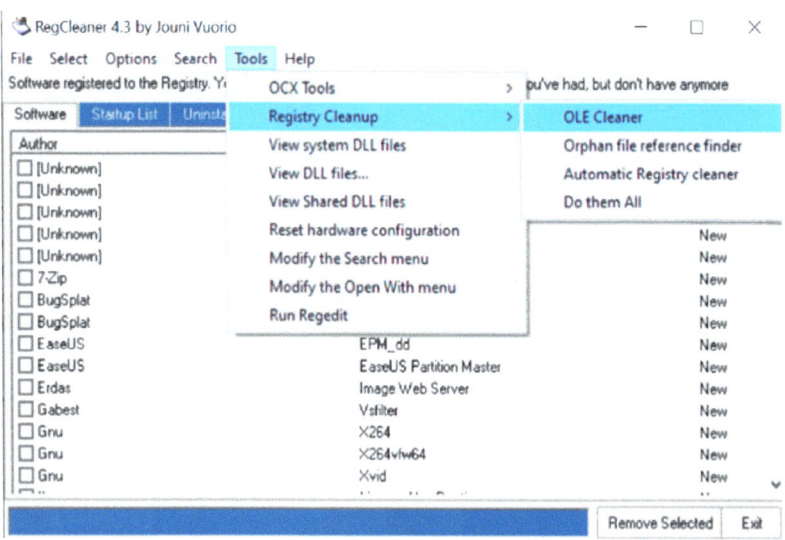

Imagen 11.- RegCleaner. Cómo funciona. Fuente: autor. Fecha 2024.

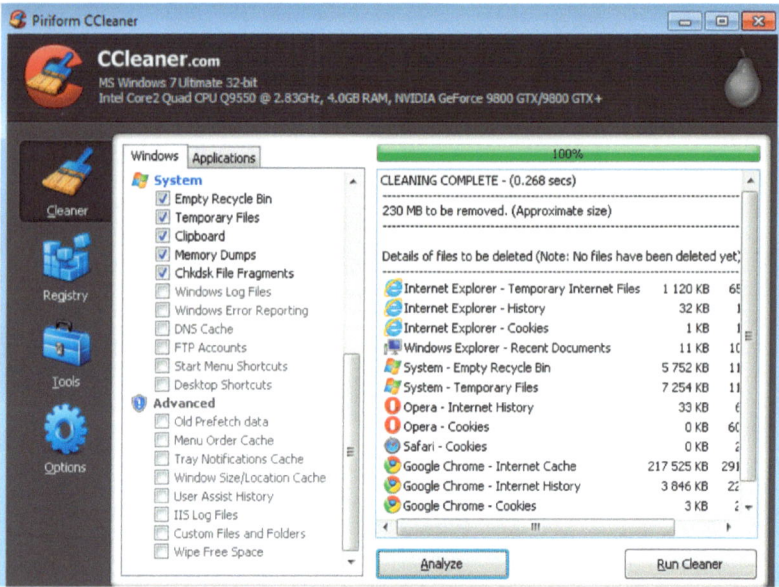

Imagen 12.- CCleaner en uso. Fuente: autor. Fecha 2011.

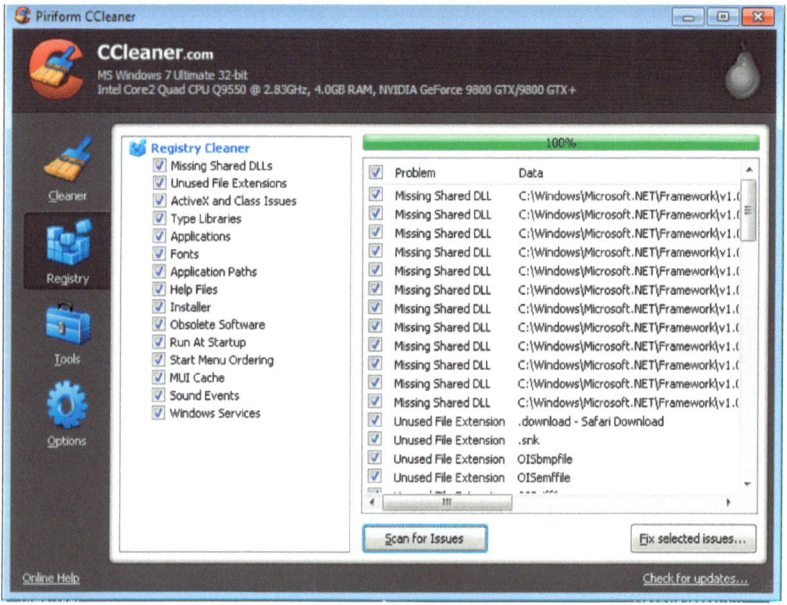

Imagen 13.- CCleaner en uso del registro. Fuente: autor. Fecha 2011.

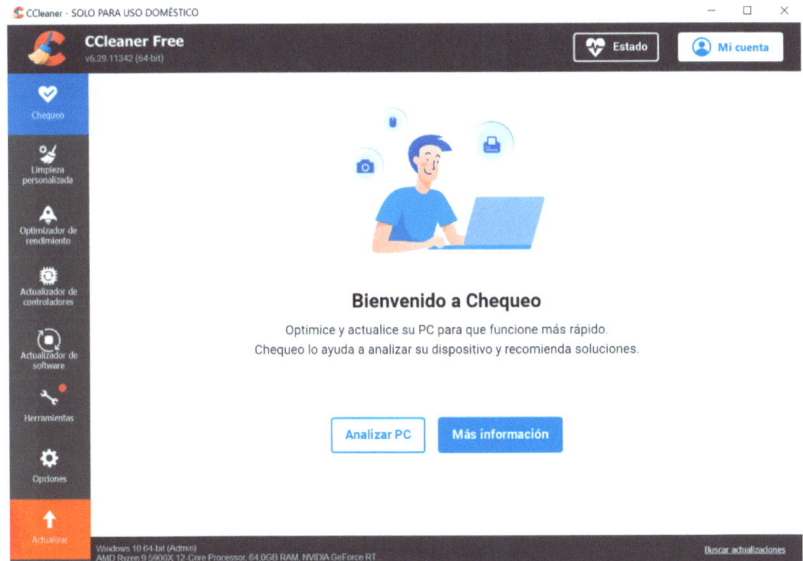

Imagen 14.- CCleaner pantalla principal. Fuente: autor. Fecha 2024.

O&O Defrag: Aunque los programas anteriores permiten desfragmentar el equipo (incluso el propio Windows lo permite) este programa está especializado en ello, de hecho, se puede programar para realizar este fin tantas veces al día como se quieran, eso sí, hay que tener en cuenta que mientras actúa ralentizará el equipo lo suficiente para notarlo en juegos o cargas de gráficos. Con la actualización del artículo, esto ya no ocurre, pues los equipos son los suficientemente potentes para no tener estos problemas. Esta aplicación se utiliza también hoy en día y va muy bien, incluso tiene configuraciones de optimización de discos SSD, aunque por el propio tipo de discos, no son necesarios de ejecutar.

Este programa es bastante intuitivo y no es muy complejo de utilizar. Además, de este programa existe la versión para 64 bits, en todas las épocas.

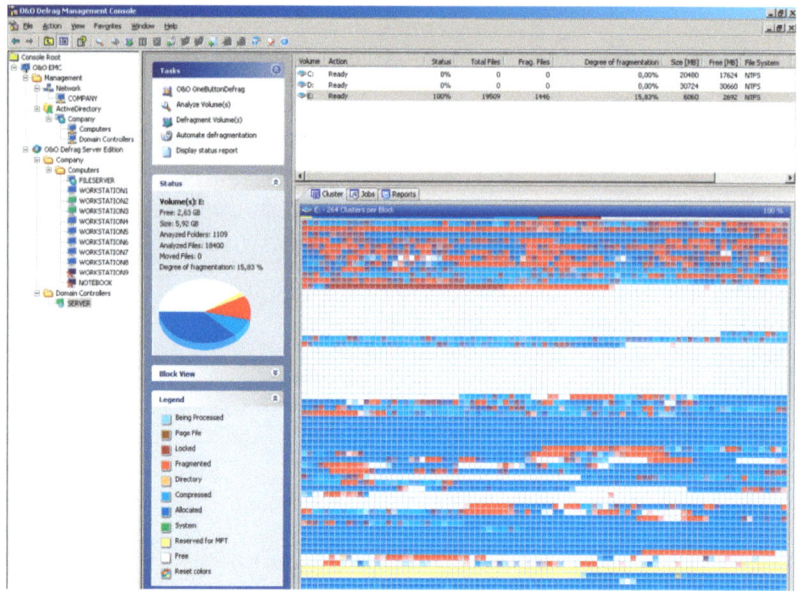

Imagen 15.- O&O Defrag. Fuente: autor. Fecha 2011.

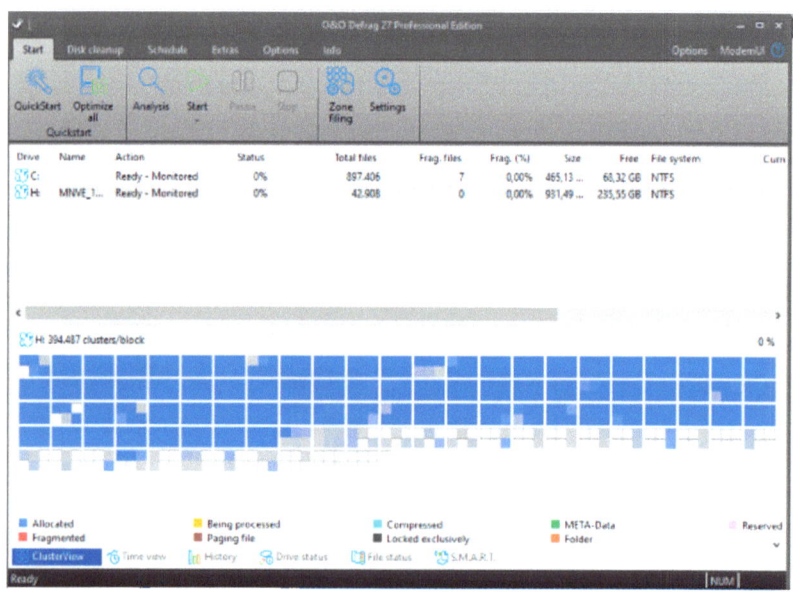

Imagen 16.- O&O Defrag. Fuente: autor. Fecha 2024.

Los requisitos mínimos son:

Windows 7, Vista, XP (32 Bit, 64 Bit).
No se especifica ni el tipo de procesador ni nada, por lo que se da a entender que funcionaría en cualquier equipo que funciona a partir de Windows XP de 32 bits.

Los requisitos tras la actualización del artículo:

- Windows 7 en adelante, incluidos Windows Server de 2016.
- Soporte 32/64 bits.
- 60 MB de espacio libre.
- Tarjeta de red y conexión.
- Permisos de administrador.
- Admite sistemas RAID y todo el Hardware que sea capaz de instalar Windows.

En el artículo original que se publicó, se comentó que no había más programas que fueran de gran utilidad, siempre hay que tener en cuenta que cualquier programa de este tipo realizará su cometido. Con la actualización del artículo, cabría mencionar que tal como se comentó al inicio, existe una ingente cantidad de programas, pero tras mis años de experiencia, si con estos aquí mencionados no se consigue que el equipo mejore, la mejor opción es formatearlo y realizar una instalación limpia.

6.- SEGURIDAD A NIVEL USUARIO

Lo primero que se debe entender es que un equipo siempre que esté conectado a una red pública (es decir, una LAN externa a casa o a Internet) está sometido a distintos peligros y riesgos, como tal, lo ideal es protegerse lo mejor posible.

Lo siguiente que se debe tener en cuenta es poner contraseñas a todo aquello que se quiera guardar y que nadie pueda ver, ya sea incluso al propio acceso de Windows o a los discos duros, etc. Aunque la seguridad de las contraseñas de Windows se pueda crackear con ciertos programas, sobre todo en versiones antiguas de Windows.

Se tratará de enseñar desde la seguridad más básica, a la seguridad más compleja que se ha podido conocer (a fecha del artículo), seguramente para la gente de casa no les sirva por los altos costos, pero eso no quita para que no sea interesante.

Los primeros peligros a los que se puede estar sometido son los virus, troyanos, spywares, ad-awares, rootkits, etc. Para combatir estas amenazas lo ideal es instalar un antivirus; en el mercado existen desde antivirus gratuitos (y no por ello menos eficientes) hasta sofisticados sistemas de seguridad a nivel software y hardware, pero vayamos por partes:

1.- Antivirus gratuitos: El primer antivirus «gratuito» y digno de mención es el Windows Essentials Security, es una versión «gratuita» que se puede instalar en Windows 7, se especifica «gratuita» porque primero se debe tener el sistema operativo original, y una vez sea original, ya existiría la opción de su instalación sin costo alguno.

La mayor parte de compañías de antivirus y sistemas de seguridad tienen un antivirus gratuito (aunque hay que recordar lo explicado en otros capítulos):

Panda Cloud: antivirus gratuito de la compañía española Panda, funciona con detecciones de usuarios, es decir que, si un usuario en Alemania tiene un virus, automáticamente se detecta y se propaga la solución a todos los Panda Cloud que haya instalados, la verdad que es uno de los sistemas más rápidos que hay desarrollados. Su interfaz es bastante pobre, pero realmente hace bien su función, detecta virus y ya está.

AVG Free: este antivirus es la compañía AVG y es un sistema de seguridad bastante básico (obviamente, es gratuito) y cumple bien su cometido, desinfecta y avisa de las amenazas encontradas. Tiene protección web, es decir, rastrea todas las webs y avisa si son fraudulentas o si intentan instalar cookies, etc. Su interfaz es bastante simple, aunque algo más completa que la de Panda, trae para ver una visión general de lo que está protegiendo, la pestaña de actualizar el antivirus y la del escaneo. El inconveniente de este antivirus es que mete publicidad cada vez que arranca el equipo, con el fin de que adquieras mayor protección de AVG.

McAfee Security Scan Plus: este es un antivirus de la compañía MCAfee, este antivirus se instala silenciosamente, no muestra muchos avisos, realiza su cometido. Da avisos si el equipo es vulnerable o si está desprotegido (vamos, que si sólo está este antivirus instalado, avisará). Su interfaz es bastante sencilla e intuitiva, están las opciones de actualizar, la de escanear y la principal del resumen de la seguridad del equipo.

Bitdefender Free Edition: este es el antivirus gratuito de BitDefender, ha sido certificado por ICSA para Windows XP (también existe esa versión para Windows 10 y Windows 11). Similar a los anteriores, aunque en este caso se pueden programar análisis y se les puede dar y quitar prioridad (es decir, que vayan más despacio para no ralentizar el equipo). Su interfaz es como las anteriores, 3 botones, el primero es para ver el resumen del equipo, el segundo para escanear en busca de virus (da la posibilidad de hacer varios tipos de escaneos) y el tercero el de actualizar la base de firmas del antivirus.

Avast Antivirus Free: antivirus gratuito de la compañía Avast. Es un sistema bastante básico, pero también cumple su cometido, este además especifica que limpia rootkits y todo tipo de malware, adaware y demás. Es bastante intuitivo. Han cambiado el diseño, antiguamente parecía un reproductor de música y video, en la fecha de publicación del artículo se ha estandarizado y tiene más aspecto de antivirus, seguramente por eso mucha gente antes no lo usaba. Este parece más completo que los anteriores, al menos en su interfaz, tiene 5 opciones:

Resumen del antivirus:
    Escanear el ordenador.
    Protección en tiempo real.
    Protección adicional, tal como bloqueo de sitios y webs.
    Mantenimiento.

Avira antivir Personal 10: este antivirus es la compañía AVIRA, y el gratuito no es apto para empresas, así lo dicta en su web, es decir, que solo permiten su uso doméstico. Tiene actualizaciones diarias, y usa el mismo motor de desinfección que el de pago. Detecta virus, gusanos, troyanos, rootkits y dialers. Este antivirus tiene 3 opciones en su interfaz, resumen del estado del antivirus, protección local (escaneo) y la administración del antivirus (actualizaciones). Por lo general es un buen antivirus, aunque con la limitación empresarial.

Dr. Web CureIt!: este antivirus no necesita instalación, es decir, es un único archivo ejecutable que al ser ejecutado analiza nuestro equipo en busca de virus y demás amenazas. El inconveniente de este equipo (o ventaja, según se mire en función de rendimiento) es que no busca virus en tiempo real, solamente es cuando ya hemos sido infectados, pasamos este antivirus y eliminará la amenaza. Para mí sí es una desventaja el hecho de que las actualizaciones no se descarguen, es decir, hay que bajar el archivo completo de Dr. Web para tenerlo actualizado. Sobre su interfaz no hay mucho que hablar, es más simple que Panda Cloud. En la actualización de este artículo, sigue existiendo y funcionando de la misma forma, aunque tiene licencias que puedes adquirir.

Norton Security Scan: Antivirus gratuito de la compañía Symantec. Igual que el anterior, no tiene protección en tiempo real, asique si se quiere como protección, se deberá pasar el antivirus periódicamente para evitar problemas, este sí necesita instalación y tiene actualizaciones diarias. Sobre su interfaz, poco hay que decir, tiene un botón para analizar, otro para elegir el tipo de análisis (rápido o lento) y el de actualizar a las versiones de pago de Norton.

Prácticamente se han visto todos los antivirus gratuitos de la época, aunque hoy en día no hay muchos más que sean diferentes en forma y sentido. Ahora bien, como se ha escrito, la protección que ofrecen es bastante pobre, si el usuario es de los que realizan compras por internet o ven el banco, etc., se debería pensar en una protección mayor, para ello están los sistemas de seguridad completos, que al fin y al cabo son de las mismas compañías que los gratuitos, con la diferencia de que traen firewall, antispam, antiphishing… y bien, se podría incluso hacer zonas desmilitarizadas y tener equipos exclusivos para este cometido.

Dentro de los completos, se explicarán los más famosos. Se pondrán por orden de efectividad de la época y facilidad de uso:

Norton Internet Security: este completo sistema. Trae Antivirus, Antispyware, Antirookit, antiphishing, firewall inteligente (que aprende solo en función del comportamiento del usuario), supervisión de red, analizador web, para comprobar que las webs a las que accede el equipo sean seguras (de hecho, si se accede a facebook, por ejemplo, avisa de que puede ser fraudulento, que se debe tener cuidado al introducir las claves), todo en tiempo real. Además, este sistema trae la optimización del equipo, algo interesante y de gran utilidad para no instalar más programas en el equipo. También tiene el control parental. Sin duda es uno de los más utilizados, al menos en aquel año de publicación.

Kaspersky Internet Security: protección en tiempo real sobre las amenazas de internet, trae la navegación segura, protección de identidad, control parental, trae distintos gadgets para Windows, además se pueden proteger archivos digitales. Sin duda este es un sistema de seguridad bastante completo y manejable.

Zone Alarm Extreme Security: este sistema de seguridad también es interesante por su fácil manejo y configuración (aunque está detrás de kaspersky por sus detecciones), permite analizar todas las descargas, antivirus, spyware, adaware, etc en tiempo real. Escaneo de webs en busca de fraudes o de entrada ilegal en el equipo. Evita los keyloggers para mantener la privacidad. Este también lleva integrado un sistema de limpieza de equipo PC Tune UP, con el cual se podrá mejorar el rendimiento del equipo. Permite realizar una copia de seguridad on-line en las bases de Zone Alarm, para mantener «los datos a salvo» de intrusiones o pérdidas. Además, este sistema protege el correo electrónico con programas tipo Outlook.

Mcafee Total Protection: este es muy parecido al anterior, también permite las copias de seguridad on-line, pero no puede mejorar el rendimiento del equipo, solamente trae un desfragmentador de disco. Detecta siempre en tiempo real, virus y otras amenazas (troyanos, rootkits, etc.) y tiene un firewall inteligente que se configura en función de las directrices que se le van dando. También cuenta con el control parental y el análisis de webs fraudulentas o que intentan acceder a tu equipo.

Bitdefender Total Security: supervisa el comportamiento de los procesos mientras se ejecutan para detectar virus nuevos o desconocidos. Reinicia su equipo en un entorno de confianza seguro que se utiliza para realizar la limpieza y la restauración, es como iniciar en modo a prueba de fallos. Aísla el navegador del sistema operativo en un entorno suministrado por Bitdefender para bloquear las amenazas basadas en la Web. Trae antispam y firewall inteligente. También incorpora protección parental. Trae un optimizador con el que podremos mejorar el rendimiento del equipo. Trae una nueva opción para poner el sistema de seguridad en modo silencioso, es decir, que toma decisiones por ti. También se pueden hacer copias de seguridad on-line.

Panda Global Protection: pese a que es un sistema bastante bueno de desinfección, es un sistema que ralentiza el equipo lo inimaginable, aparte de esto, trae bastante servicios. Protección en tiempo real de todo tipo de amenazas, en teoría segundos después de la detección de una amenaza, tomaría medidas para estar seguro contra las amenazas. Trae firewall personalizable, protege el equipo de las infecciones a través de USB. Incorpora un teclado para evitar keyloggers, guarda la privacidad con análisis web y gestor de redes. Protección antispam. Encriptación de archivos, actualizaciones al minuto, backup online, optimización del equipo y acceso remoto al equipo desde tu trabajo o la casa de un amigo.

Aun así, estos sistemas en ciertas ocasiones se quedan cortos, en efecto, si se está acostumbrado a realizar copias de seguridad en discos duros externos o memorias usb, existe el inconveniente de que las roben o de perderlas, por ello, se debería tener en cuenta que si se pierde nuestra información cualquier podría leerla, verla, compartirla con otra gente, etc. Es por esto que se necesitan poner contraseñas para impedir el acceso a nuestra información.

Hay pocas formas de descifrar una clave, la más sencilla es preguntarla y la siguiente es la "fuerza bruta" la cual realizan programas con algoritmos y envíos de claves, primero con un diccionario de claves más usadas y después probando con letras, números y dígitos, a partir de 8 dígitos, cualquier ordenador actual estaría más de medio año para dar con la clave (actual para la época de publicación de este artículo en 2012). Sería un ataque intencionado para que alguien estuviera tanto tiempo atacando un archivo para descifrarlo, salvo que escondas algo y seas investigado por alguna agencia, como el FBI, el Mossad o la brigada de información.

Una vez explicadas las contraseñas y su seguridad, se verán algunos programas genéricos y de fácil manejo, para poder encriptar nuestra información:

Winrar: Seguramente muchos lo conozcáis por ser un programa para comprimir carpetas y archivos, pues además de esta utilidad, sirve para cifrar estas carpetas o archivos. Simplemente deberemos ponerle una contraseña de la siguiente forma:Con esto será suficiente para tener nuestros archivos seguros, y que, si son robados, nadie podrá verlos, eso sí, hay que recordar la explicación de las contraseñas para poner una lo más larga posible y segura.

Winrar, propiamente dicho, no es un programa de encriptación, aunque bien hace esta función. En muchas ocasiones, es laborioso tener que comprimir, poner clave, etc., a los archivos, sobre todo si se hablan de cientos o de miles; para ello existen otras posibilidades de encriptar unidades de disco completas.

El primer programa y quizá más interesante, sea uno que trae el propio Windows 7 llamado Bitlocker.

Cabe aclarar que, si se quisiera escribir y leer al mismo tiempo desde una unidad, se debería tener instalado única y exclusivamente Windows 7, ahora bien, si lo que se quiere es poder acceder a la información sin que ésta sea modificada, se podrá tener Windows XP (cualquier SP) y Windows Vista (cualquier versión), eso sí se deberá tener en cuenta 2 cosas importantes tanto en XP como en Vista:

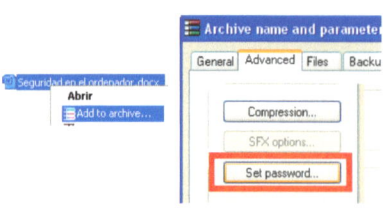

Imagen 17.- Contraseña en Winrar. Fuente: autor. Fecha 2011.

La unidad que cifremos con bitlocker deberá estar formateada en FAT o FAT32. Si lo formateamos en NTFS nos dará problemas de que no reconoce el disco y hay que formatearlo.

Deberemos instalar una actualización que se llama Bitlocker to go en el sistema donde vayamos a leer nuestros archivos, seleccionaremos un lector en función de la plataforma del equipo (x64, x86).

NO hace falta ser administrador del equipo para leer el dispositivo USB.

Tras aclarar los requisitos previos y sin los que no tendremos ninguna opción de lectura vamos a ver cómo funciona este potente encriptador.

Lo primero que debemos hacer es abrir Bitlocker para ver realmente qué unidad vamos a cifrar:

Con el simple hecho de dar a Turn On Bitlocker empezaremos paso a paso a cifrar la unidad deseada, seguid bien los pasos, leyéndolo todo y no os olvidéis de poner una contraseña lo más segura posible.

Debéis guardar en una unidad a parte (o imprimir) la clave de recuperación por si olvidáis la clave... eso sí, acordaros de dónde la guardáis, y que no sea en el mismo pen drive que encriptáis.

Tras todos esos pasos, comenzará el cifrado de la unidad, eso sí, va a ser bastante lento, algo así como 1 hora por cada 15 GB (depende del equipo que tengáis), es decir, que si vais a cifrar un disco duro de 250 GB, armaros

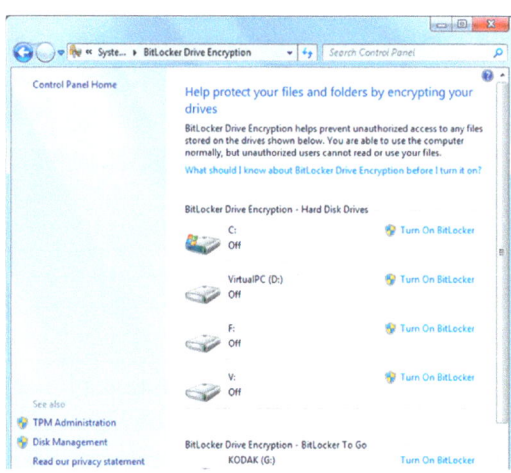

Imagen 18.- Contraseña en Winrar. Fuente: autor. Fecha 2011.

de paciencia que tardará unas 16 horas (repito, es relativo en función del equipo, del disco duro, etc.).

Una vez hayamos terminado de cifrar el disco, podremos copiar todo a su interior, eso sí, armaros también de paciencia que las copias se ralentizan, debido a que cifra a la par que copia.

Cuando lo tengamos, hagamos pruebas para ver que funciona la clave y el dispositivo USB.

Si todo es correcto, la clave funciona y demás, ya tendríamos nuestro USB protegido anti robo y anti pérdidas.

Todo esto se actualizará en la sección de encriptación, adaptada al año y época de la revisión de los artículos.

Hay muchos más programas de encriptación, se mencionarán algunos aunque no se alargarán la explicación sobre ellos, pues cada uno tiene sus manuales y explicaciones en sus respectivas webs.

Truecrypt: uno de los encriptadores más conocidos, su inconveniente es que se necesita instalar un driver cada vez que se quiera leer de él y, por tanto, debe ser administrador del equipo destino. Trabaja igual que todos, crea una unidad "oculta" que sólo la puede ver el programa de Truecrypt tras introducir una contraseña. Su interfaz es intuitiva, pero la configuración inicial hay que hacerla con tiento y sabiendo bien dónde se pulsa (en el capítulo de encriptación se desarrollará más la aplicación actual), eso sí, realiza una copia de seguridad de tu USB antes de meterle mano.

U3: muchos pen drives ya traen la protección implícita con un programa de SanDisk que se llama U3. En él se puede introducir una contraseña para encriptar el pen drive y así proteger los datos.

Poco más hay que comentar sobre la encriptación, eso sí, se debe tener cuidado cuando se encripta y es importante no olvidar las contraseñas…

Además de estos sistemas, existen otros muchos mejores, aunque mucho más caros para la gente normal, ellos son los sistemas biométricos (lector de huellas, lector de ojo…). Funcionan hoy en día, pero hay mucha controversia por el uso biométrico de cada persona en este sentido, pues la información no se sabe muy bien qué hace con ella la empresa gestora.

Los pen drive biométricos, son pen drive bastante caros (80€-16 GB [tras actualizar el artículo, existen pen drives con huella dactilar por 20 € unos 32 GB]), pero son lo más seguro que puede haber y, si además se les mete una encriptación a nivel software, es prácticamente improbable que roben la información de su interior.

También se pueden encontrar sistemas biométricos en portátiles, incluso en los teclados de sobremesas, funcionan exactamente igual, se pasa el dedo, lo reconoce y listo, ya se puede acceder al sistema operativo y a toda su información.

También existe la seguridad del ordenador por Hardware, tal como firewalls propiamente dicho, y luego el sentido común, es decir, si se evita entrar en páginas web perjudiciales (tal como porno y que salga mucho spam), se evitarán que entren cookies indeseadas, virus, troyanos, etc. La compañía por excelencia en este sentido es CISCO, la cual tiene algunos de los mejores sistemas hardware de seguridad, eso sí, son muy caros para sistemas domésticos.

Hasta aquí lleva este artículo, espero que haya servido de ayuda y se hayan aclarado muchas dudas en cuanto a la seguridad en el ordenador y fuera de él.

7.- SEGURIDAD EMPRESARIAL

Aunque el nombre de capítulo suene raro, va enfocado a la seguridad informática dentro de una empresa.

Siempre es difícil saber cómo han entrado virus que han hecho que el sistema caiga y comprometa los datos de la red empresarial. Esto puede provocar una serie de problemas, entre otros, filtración de datos, contraseñas vulneradas, etc., El sistema queda expuesto durante horas o incluso días hasta que los expertos en seguridad de la empresa lo solucionan.

Como todo en esta vida, todo lo que se hace «deja cierta huella», es decir, todas las cosas que se hacen en un ordenador personal, dejan rastro por internet, ya sea con archivos temporales, como con nuestra IP o MAC, incluso aunque se use una VPN, el rastro queda reflejado y en algunos casos es un rastro claro, en otros son rastros más difíciles de seguir, de hecho, hace años que el FBI rompió con el mito del anonimato de Bitcoin (Casillas, 2021; Cryptomus, 2024).

Normalmente, las empresas tienen directivas de seguridad, es decir, a quién dan o no acceso a internet, o qué tipo de programas se pueden o no instalar. Como es lógico, ningún usuario podría instalar nada en su equipo, aunque bien es cierto que muchas veces es necesario, en cuyo caso, se deberá hablar con el informático de la empresa y pedírselo, que éste lo valore y lo instale o no. También hay que matizar, que muchos casos de filtración de datos ocurren por los propios empleados, que dan contraseñas y crean acceso a distintos hackers, así parece que ocurrió con un insider de Perú Interbank, que si filtraron más de 4 TB de información sensible de cuentas, datos, etc. (Montesinos Nolasco, 2024; Pereyra Colchado, 2024; S4vitar, 2024)

Ante este tipo de problemas, se han creado los mal llamados «programas portables» que en español, serían llamarlos «programas portátiles», los cuales, evitan la instalación y directamente se ejecutan, en principio cualquier programa podría ser portátil, ahora bien, si este programa trae un virus también se ejecutaría, por ello en la empresa siempre debería de haber un buen antivirus y una política muy estricta sobre la ejecución de archivos y sobre el control de cada usuario como directivas de seguridad y los niveles de acceso, y si es posible firewall+antivirus en el servidor de la empresa que da acceso a internet a nivel hardware sobre todo, como los mencionados en otros capítulos.

Dicho esto, uno de los problemas que suele haber en las empresas, al trabajar mucha gente en los mismos equipos, son los temas de las copias de seguridad. Hay un artículo sobre programas y formas de hacer copias de seguridad en este libro llamado: Copias de Seguridad (4).

La empresa, aunque se quiera que lo sea, no podrá ser una fortaleza contra hackers o los usuarios que existan dentro de la misma, por ello se debe tener un buen sistema de seguridad, tanto en el personal informático, como en la concienciación de la gente, que tienden a ser los principales focos de vulnerabilidades. Lo importante es que, además, desde la empresa no se pueda acceder a según qué tipos de webs. También habría que controlar que las contraseñas sean seguras, no estén en post-it apuntadas en los monitores, ni en textos planos en el escritorio… este tipo de cosas se desarrollarán más adelante en el capítulo de encriptación.

El tema de los programas portátiles, es bastante interesante, pues da la posibilidad de saltar la protección del sistema informático, pero se debe tener en cuenta que todo lo que se ejecuta puede comprometer a todo el sistema de la empresa y a toda la red que depende de la misma, así mismo, mucho ojo a quien filtre este tipo de datos o al insider (desarrollador dentro de la empresa), pues puede tener problemas como se investigue y se averigüe que ha sido un empleado el causante del problema o la filtración.

.

8.- SISTEMAS OPERATIVOS

Desde que existe la informática y la electrónica, se han desarrollado muchos sistemas operativos, los cuales, facilitan al usuario la comunicación con la máquina. Hace décadas esta comunicación era diferente y no todo el mundo tenía acceso a un equipo por su elevado precio. Del mismo modo que no todo el mundo tenía internet en casa y, los afortunados que lo teníamos, estábamos limitados a velocidades de 56 kb/s y a un modem que se conectaba telefónicamente. Del mismo modo, si se descolgaba el teléfono se cortaba la comunicación... Actualmente todo el sistema operativo va enfocado a un entorno gráfico manejable y cómodo, pero no siempre fue así. De hecho, hasta con las versiones de Linux se pueden encontrar versiones con entorno gráfico y no sólo de comandos, como Kali Linux o Ubuntu.

Al principio de la era informática, los sistemas operativos no eran visuales, es decir, tenían una entrada de comandos y un programador era el encargado de manejarlo, a medida que pasó el tiempo, se iban sacando más sistemas operativos para facilitar el uso de los aparatos, cada vez más potentes y más accesibles al público en general.

Uno de los primeros sistemas operativos a nivel usuario, era Unix, en el cual se fundamenta Linux y otros sistemas como los de Windows y MAC. Aunque esto es un resumen bastante general.

Los mayores desarrolladores de sistemas operativos son americanos, tal como UNIX, MAC, Windows, sin embargo, Linux es Finlandesa. En el caso de Linux, se puede ver un claro cambio en cuanto a su adaptación a los usuarios, siempre había sido comprendido como un sistema operativo a través de comandos (como el MS-DOS de Windows), pero con el paso del tiempo se ha visto que ha cambiado su entorno gráfico enfocándolo a todos los usuarios, no solo a los especializados. Tal como se comentó anteriormente, el caso de Ubuntu o Knoppix, son sistemas de ventanas, son los más sencillos para empezar a trabajar con Linux y bastante intuitivos, aunque la línea de comandos no debe faltar para realizar tareas cotidianas.

En el ámbito de Windows, se podría destacar desde Windows 3.11 que eran los que llevaban los ordenadores PS2, hasta Windows 8 que es el más moderno (a fecha de publicación del artículo), pasando por Windows 95, 98, ME, XP, Vista y 7. Después de Windows 8, llegó Windows 10 y después Windows 11, con una última actualización por la que hay cierta polémica, pues algunos la han catalogado como Windows 12 y otros, simplemente como Windows 11 24H2.

El Sistema operativo más popular ha sido y sigue siendo Windows XP (a fecha de publicación del artículo), es uno de los más fáciles de usar y del que más años se han utilizado, el soporte para Windows XP finalizó en abril de 2014. Después llegó Windows 7, que fue bastante bien acogido en distintos entornos, pero no tardaron en aparecer Windows 8, 10 y 11. Siendo Windows 8 uno de los peores sistemas que han existido, justo bastante parecido a Windows Vista. Parece que Microsoft desarrolla un «sistema bueno y otro malo».

Sin ninguna duda, el peor sistema que la compañía Microsoft ha sacado ha sido Vista, por su inestabilidad, lentitud y descarada velocidad de salida para venderse.

El actual sistema operativo que se está poniendo en equipos es Windows 7 (a publicación del artículo en 2011), bastante intuitivo, y funcional, además que trae muchas mejoras con respecto a Vista, para empezar, es mucho más estable.

Pero no solo se habla de sistemas operativos orientados a ordenadores, cabe destacar que hasta una simple nevera (simple, pero cara) lleva un sistema operativo desarrollado con JAVA, a través del cual, se puede realizar la compra o un sinfín de cosas más, esto se ha modernizado con Android, aunque este sistema está mayoritariamente programado en Java.

Cabrían destacar los sistemas operativos de la telefonía móvil, los cuales hacen que un teléfono móvil sea un «ordenador» en miniatura y de bolsillo. Se pasó de algún Windows Phone a que existan Android como estándar en el año 2024 y los IOS que son los utilizados por la empresa Apple, aunque hay que añadir que existen diferencias importantes entre ambos sistemas, siendo el de la libertad de Android el mejor argumento para usarlo, pues Android es un sistema semi-abierto, al que se le pueden instalar aplicaciones de terceros, rootear móviles, etc., mientras que a los IOS no y son mucho más cerrados en cuando al software que utilizan. Serían bastante comparables a lo que ocurre entre MAC y ordenadores con Windows/Linux. Mientras en sistemas operativos como Windows o Linux puedes personalizar completamente el equipo: añadir hardware, quitar y poner piezas, actualizar alguna funcionalidad, instalación de aplicaciones, virtualización, videojuegos, aplicaciones infinitas… en MAC no se puede ni tan siquiera instalar una memoria RAM, ni hacer un cambio de tarjeta gráfica cuando pasan unos años; es una empresa destinada a vender paquetes de equipos preensamblados, sin capacidad de elección en los componentes, entre otras muchas cosas, que darían para escribir varios libros sobre ello.

No se puede olvidar, obviamente, las videoconsolas, además, en este aspecto son los sistemas operativos más útiles para su fin, pues llevan ya instalados los drivers de todos los componentes que se pueden utilizar, el caso de una videocámara, con enchufarla y ya está, es algo que en ordenadores deberemos instalar un drivers que proporcionará el fabricante de la web cam, o en el caso de teclados, ratones, joysticks, gamepad… Las consolas han cambiado mucho desde la escritura de este artículo en 2011, tanto que los precios se han disparado. En 2024 la última consola que se vende es la PlayStation 5, a un precio que parte de los 550 €, mientras que ordenadores, eligiendo componentes ajustados de precios, podrías tener un equipo por ese precio o incluso menos, para jugar, ofimática, redes sociales, programación,

diseño 3D aficionado, etc. Los ordenadores siempre serán más versátiles, pero es cierto que la consola está destinada a un uso: jugar. Enciendes la máquina, te sientas y juegas.
.

9.- VIDEOJUEGOS

Los videojuegos son un pasatiempo bastante entretenido, desde los años 70 se han visto cómo salían al mercado distintas videoconsolas, como la Atari Pong. A medida que la tecnología avanzaba, los videojuegos también. Cada vez mejores gráficos, más jugabilidad, más realismo. Se dará un pequeño salto y se pasará de los años 70 a los 80/90, en los cuales, había una consola (seguramente os suene el nombre: Supernintendo, Sega Mega Drive, en la cual ya se podían usar videojuegos con un poco más de «realismo» (tipo Super Mario), sin embargo, no ha sido hasta el siglo XXI que no se ha podido disfrutar de auténticos videojuegos con gráficos hiperrealistas y unos movimientos de personajes espectaculares. Cabe mencionar un equipo habitual en el año 2011-2012 era el siguiente:

Procesador: 4 núcleos y 8 hilos. (conocidos como Quad-Cores)

Placa Base: chip p67, H67 y Z68 (este es el último)

Disipadores: grandes como ellos solos y con una relación calidad precio perfecta (Cooler Master V8, Noctua NH-D14…

RAM: nuevas memorias DDR3 a 1600/2000MHz en adelante.

Discos duros: por fin se comercializan los SSD de forma asequible (que dejan de ser mecánicos – lectura recomendada sobre Discos Duros).

Capacidades de discos mecánicos superiores a 2 TB (TeraBytes).

Cajas de gran tamaño.

Tarjetas gráficas GDDR5 a más de 5.5Gb/s con hasta 4GB de memoria. (ATI Sapphire HD 6990).

Este equipo en el año 2024 ha quedado completamente obsoleto, los procesadores han cambiado bastante en lo referente a nomenclaturas, rendimientos, IPC (instrucciones del procesador por ciclo/segundo), distintos tipos de construcción en nanómetros más pequeños para que las temperaturas se controlen, etc.

Actualmente hay una lista tan extensa de procesadores que sería una tarea muy extensa, pero parece que existe un estándar en la industria del videojuego y que más de 6 núcleos en procesadores no se aprovechan, ergo de ahí hacia arriba la utilidad es otra, como el 3D, efectos, etc.

Sin ninguna duda, los juegos que han marcado una época han sido los GTA, juegos en los que por primera vez había libertad de movimiento y de elección, además de haber una historia y una trama claramente marcada, se podía elegir ser policía, taxista o bombero, desde el GTA 1, que era en 2D hasta el GTA IV (con las expansiones) que se metieron modelados impresionantes y un realismo impresionante (en el año 2013 salió al mercado el GTA 5):

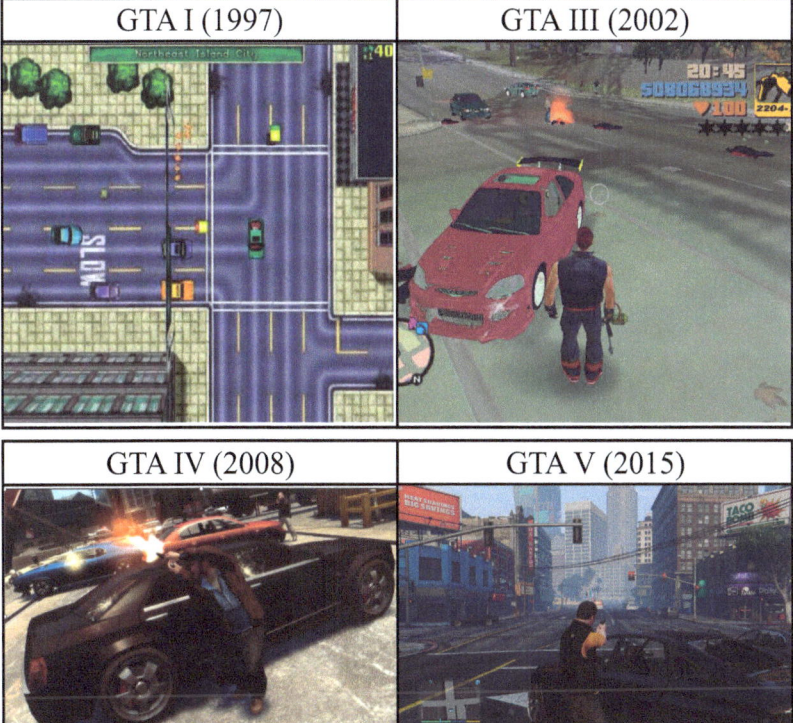

Este tipo de juegos son conocidos como sandbox o mundo libre.

Los juegos antes mencionados han marcado una época en cuanto al realismo y la forma de jugar, pero tampoco hay que olvidarse de otros videojuegos que también han marcado el cambio de épocas en sus diferentes modalidades, por ejemplo, la saga Need For Speed empezó a incorporar cierto aspecto de mundo abierto y enfocado al tuning de los coches:

SandBox: Al margen de lo ya contado, estos juegos son los más libres de todos los géneros, normalmente se pueden conducir vehículos, disparar a donde se quiera, hacer lo que te apetezca... incluso en algunos se permitían hacer cosas que en la vida real serían ilegales, como apalear gente y otra serie de acciones. Además de los GTA, otros juegos importantes son: El Padrino, GTA IV – Episodes from liberty city, Saints Row, Red Dead Redemption, Need For Speed Underground...

Aventuras: Se basan en que el jugador debe ir avanzando de una forma lineal, se le irán dando pistas y éste debe seguir adelante, en estos juegos no hay otras soluciones, aunque en títulos más modernos tras actualizar este artículo, hay algunos juegos lineales con caminos diferentes como suele ocurrir en algún Tomb Raider o Splinter Cell. Así mismo, hay que destacar una saga que ha vivido varias plataformas, desde la PlayStation 2 hasta el ordenador actual, como es el God of War.

Shooters: Estos son unos de los juegos preferidos por el mercado, normalmente se debe avanzar de forma lineal en el juego, abriéndote paso a tiros, en función del juego, se usarán unos tipos de armas u otros, pero el fin es el mismo. Hay 2 tipos de shooters, el de primera persona y el de tercera persona, el de primera persona es en el que el jugador ve en su pantalla la pistola, es decir, de tal forma que da la sensación de que uno mismo es el protagonista, en cambio, en tercera persona, lo que se ve es el cuerpo entero del personaje que va a ir pegando tiros.

Algunos juegos de este tipo son: Counter-Strike, Halo, Unreal

Tournament, Call of Duty, Megal Of Honor, Killzone, Max Payne, Metal Gear Solid, Splinter Cell (aunque lo podríamos catalogar en otros apartados), Time crisis… y más actuales el Valorant, Doom… etc. Muchos de ellos además de shooters son competitivos, es decir, que compites con otros usuarios en modo on-line, ganas rangos, recompensas…

Estrategia: En estos juegos se está obligado a usar un grupo de personas o máquinas para lograr un objetivo, por ejemplo, para invadir un país, se necesita un ejército. Cabe distinguir dos tipos de juegos de estrategia, en tiempo real y en por turnos; en tiempo real se caracteriza porque se puede atacar sin necesidad de esperar al otro jugador, en cambio en el de por turnos, hay que esperar a que el otro jugador haga su movimiento para que puedas realizar el tuyo, un tipo de estos últimos sería, por ejemplo, el ajedrez. Algunos de los juegos más significativos para este género son: Age of empires, Age of Mythology, Splinter Cell, Warcraft, Civilization…

Lucha: Estos juegos se caracterizan por batallar contra adversarios, normalmente son de boxeo o de peleas callejeras. Algunos de los juegos más destacados son: Tekken, Street Fighter…

Plataformas: Este tipo de juegos han cambiado mucho, antiguamente sólo se podían mover en un plano 2D a través de saltos o movimientos sobre suelos (ejemplo del Prince), en cambio a día de hoy, estos juegos han pasado al visionado 3D, es decir, mantienen la esencia del movimiento por plataformas, pero ahora se puede saltar hacia varios lados (no solo izquierda o derecha) y realizar movimientos «más libres». Existen juegos tales como: Prince of Persia, Super Mario bros, Donkey Kong…

Rol: El protagonista interpreta un papel y ha de mejorar sus habilidades mientras interactúa con el entorno y otros personajes. Las decisiones que se tomen siendo el personaje, influyen en el futuro próximo, dando la posibilidad de ir por el bien o el mal camino… Algunos juegos son: Mass Effect, Diablo, World of Warcraft, Final Fantasy…

Simulación: Estos juegos se basan en poder manejar todo tipo de vehículos de la forma más realista posible, una de las sagas más largas e importantes son los Need For Speed, en la cual también se ha notado el avance de los ordenadores/videoconsolas para mejorar el realismo de éstos.

Además de los ya citados need for speed, tenemos otros: Zoo Tycoon, Sin City, Gran Turismo, Forza Motorsport, Train Simulator, Eurofighter Typhoon, Asseto Corsa…

Deportivos: Se basan en dar la posibilidad de realizar deporte, los videojuegos más destacados son los FIFA, Pro Evolution, NBA Live, BHL Live, Tony hawks pro skater, Wii Fit, Mario Sports… aunque de forma realista salió al mercado la videoconsola Wii, que aunque no era realmente para hacer deporte puro, sí que ayudaba a, por lo menos, no estar sentado en el sofá.

Desde que los padres no eran conscientes de lo que compraban a sus hijos y desde que éstos, en nombre de los videojuegos, no separaban la ficción de la realidad y se cometían suicidios y asesinatos (sobre todo por juegos de rol), ha habido una gran controversia al respecto de los videojuegos, muchos han querido prohibirlos por la excesiva violencia, de hecho, en muchos países son censurados. Eso ocurrió con el videojuego ManHunt, sí, sí, en la actualidad existe la censura, o por mostrar sexo implícito… Os dejo imágenes de man hunt, para que veáis a lo que se refieren los detractores de estos juegos (Atención – Algunas imágenes pueden herir la sensibilidad):

Para que los padres y los niños sepan lo que compran se ha desarrollado el sistema PEGI.

Este sistema clasifica los videojuegos u otro tipo de software en función de lo que contengan, la clasificación se realiza en 25 países distintos de Europa (al margen de la Unión Europea). Lo clasificable de un videojuego va desde el tipo de lenguaje, pasando por escenas de sexo hasta la violencia empleada en ellos.

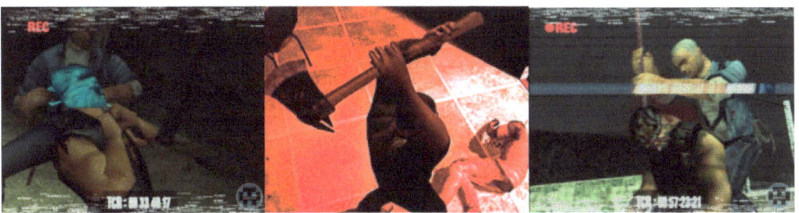

Imagen 19.- Imágenes de Manhunt. Fecha 2011.

5 son las clasificaciones que se otorgan con el sistema PEGI:

Pegi 3	Esta es la clasificación más baja que existe, es para videojuegos que ni tienen violencia, ni sexo, ni ningún tipo de cosas perjudiciales para la infancia.
Pegi 7	Esta clasificación es otorgada a juegos con violencia sobre dibujos, o sonidos que puedan hacer que tus hijos griten.
Pegi 12	Esta clasificación es concedida si hay violencia sobre no-humanos pero es algo realista.
Pegi 16	Esta clasificación es dada si tiene violencia sobre humanos.
Pegi 18	La clasificación más alta que se concede, es para videojuegos con sangre, violencia extrema tal como amputación de miembros o sangre en abundancia, lenguaje soez, sexo implícito…

No se puede evitar hablar sobre la piratería. La industria del videojuego es otro negocio como otro cualquiera, pero ha evolucionado tanto, hacia mal, que cabe hacer un pequeño análisis sobre lo que es la piratería.

En la época de escritura de este artículo, una persona iba a comprar un videojuego físico. Por ejemplo, el GTA IV era una caja de coleccionista, tenía varios DVDs con la instalación y, además, traía planos, instrucciones y otras informaciones en formato físico, es decir, en papel. Igual que este videojuego, otros tantos. A fecha de actualización de este artículo, los juegos ya no son ni en DVD, sino que son todo por copias digitales. Vas al comercio (aunque no es ni necesario) compras un caja y viene con una hoja con un código. Dicho código debes canjearlo en la tienda oficial del vendedor, aunque también tienes opción de comprar directamente el código en cualquier tienda online especializada y ni siquiera gastan dinero en cajas, aunque esto ha traído la ventaja de que en ocasiones se regalan juegos, por ejemplo, en EPIC, o incluso tienen precios extremadamente baratos, pues hay juegos por pocos euros.

Es comprensible perfectamente al vendedor y al comprador. Sin embargo, actualmente, los juegos que salen nuevos siguen costando 50 € de media, y en videoconsolas hasta 70 € o más. Es decir, el tiempo ha pasado, se han ahorrado mucho dinero en distribución, papel, cajas, DVDs… y los precios son igual de caros. Además, ocurre que muchos juegos son exclusivos online y cuando cierran los servicios te quedas sin videojuego. Con el DVD eso no ocurría, tú podías instalarlo y jugar en tu ordenador, incluso si te ibas a la casa del pueblo donde no tenías conexión a internet. Eso ya se acabó y sin conexión no puedes ni tan siquiera iniciar el juego, aunque no sea un juego on-line puro.

Antiguamente, era una falta de respeto hacia el consumidor, cuando compra un videojuego y por meter varias veces la misma clave (cuando formateas y demás pierdes la clave si no has desinstalado) y cuando vas a jugar te dice que no puedes. Se conoció el caso con el Need for Speed Hot Pursuit, después pagar casi 40 € de la época, e instalarlo unas 5 veces, la última vez ya no se pudo jugar porque decía que la clave había sido utilizada reiteradas veces. ¿Qué se hacía en aquella época? Buscabas un crack para poder jugar. Lo increíble es que necesitabas un crack para jugar a un juego original.

Videojuegos que cuestan 45 y 50 €, como el Grand Theft Auto IV, tienen más de 7 parches para corregir errores, no contentos con esto, cuando se instala alguno de ellos, no deja jugar, se bloquea, se queda en la pantalla de inicio o cualquier otra cosa. No es normal que un juego que cuesta un dineral (a cualquier persona ganar 50€ le cuesta un montón de trabajo), funcione fatal, y que con un equipo potente, de gama alta (de la época de este artículo), no pueda mover toda la física de éste... y no es porque sea algo difícil, sino porque el juego está mal optimizado. Con el paso de los años se ha visto un título que es increíble lo bien optimizado que está y que incluso con procesadores de gama baja de FPS sin problemas, este juego es el Doom Eternal.

Al igual que se critican los precios en los videojuegos, se pueden criticar en los sistemas operativos y en otros programas, no es normal, que una licencia no OEM te cueste 600 € en un Windows, algo que deberían regalarte a la hora de comprar cualquier ordenador (actualmente, sólo lo regalan si es de marca), hasta con los clónicos deberían regalarte la licencia, pero no, no la regalan, sino que la rebajan, es decir, que en vez de costar 600 €, te cuesta 100€. Aún así, es un precio desorbitado teniendo en cuenta que el SMI en 2011 era de unos 650 € (BOE, 2021). Hoy en día, tras actualizar este artículo, existen licencias mucho más baratas, incluso por 5 o 10 € puedes tenerlas. Muchas personas de Youtube (youtubers) tienen códigos promocionales para tener un descuento adicional.

Y ya por no hablar de paquetes como Photoshop u Office, que cuestan más de 1.000 € una licencia. En época de este artículo se comparaba el paquete una vez y lo tenías para siempre, hoy en día, en el año 2024, sólo existen por suscripción mensual y al cabo del año puede costar más de 500 €.

Desde que se puso el canon digital, no sólo es que copie, sino que resulta interesante que te graven una copia privada cuando no necesariamente un Medio digital debe ser para eso. Si yo me copio este mismo libro como copia de seguridad en un pen drive, no tendría por qué pagar ningún canon. Así mismo, muchos sostienen que debería existir libertad de piratear tras pagar un impuesto «por ello». Cuando se compra un DVD virgen, se está cobrando porque se usará ese DVD para copiar algo «ilegal» (en aquel entonces este era el concepto, a partir de 2017 se cambio al de «copia privada», pero el problema es el mismo), entonces, además de que te están llamando delincuente (porque no necesariamente tienes que hacer copia privada de algo, sino una copia de seguridad de tus propios archivos, no de películas), lo cobran se use para lo que se use, aunque esa persona haya hecho un programa o una película y lo copie ahí, se está pagando un canon a distintas asociaciones, como a la Sociedad General de Autores Españoles, lo cual tampoco tiene sentido que si son españoles y se copia una película americana, ¿por qué se paga a la española?

Durante el mandato del PSOE en España se han otorgado más de 90 millones de Euros al cine español, y casi 3 millones de euros al cine iberoamericano (durante el año 2011-2012), es decir, que ya que con los impuestos de todos los españoles han pagado el cine español, deberíamos de heredar el derecho a copiar y descargar todo lo que se me quisiera, puesto que ellos, con nuestros impuestos, han hecho lo mismo: repartirlo como les ha dado la gana, es más, ya que el Estado ha subvencionado muchas películas, sería un deber cívico que las repartieran con la declaración de la renta, por ejemplo.

También durante el mandato del PSOE se hizo una ley, en la que se obligaba a proyectar determinado porcentaje de películas españolas en las salas, es decir, que un cine (empresa privada) por los cojones de la Sinde, debía proyectar lo que ellos quisieran, tanto que hablan de defender el cine español, que se dediquen a currárselo (EFE, 2007).

Con todo esto se quiere matizar que si hay un trabajo realizado por programadores o cineastas, que merece la pena y que se ve que se ha hecho con la intención de divertir, no de vender, está claro que si el sueldo lo permite, se comprará original, pues es una forma de agradecer el trabajo que realizan para nuestra diversión, pero que tengan en cuenta, que cuando haya algo mal hecho o que no merezca la pena, no hay por qué comprarlo, ni pagarlo con impuestos.

Otro aspecto importante es que se culpabiliza a los videojuegos sobre las actitudes de la gente, y podría ser realmente una tontería. Si los videojuegos o el cine hicieran estragos en la sociedad, no sólo seríamos todos culpables, sino que todos cometeríamos los mismos errores o atrocidades. La gente que hace algo en nombre de los videojuegos, no es más que un desequilibrado, pues no consigue separar la realidad de la ficción que se queda en una pantalla de ordenador. Lo que haga cada uno bajo su propio juicio no es más que su propia responsabilidad, no hay que buscar otros culpables, pues al fin y al cabo, muchos están muchas horas detrás de una pantalla pegando tiros, asaltando Troya, o conduciendo a 250 km/h y no necesariamente se va por la calle como si se estuviera en un circuito de Fórmula 1 o en Brooklyn y fuéramos Al Capone.

Los padres son responsables hasta cierto punto de lo que hagan sus hijos. Si el hijo de alguien va al colegio con una pistola y se lía a tiros pensando que es Jhon Wane, el problema es suyo, pues los padres han podido explicarle la diferencia entre la vida real y el videojuego; aunque en muchos casos hay problemas de fondo, como el actual conocido como bullying.

Tal como pasaría si su hijo fuera un violador ¿echaríais la culpa a los padres? ¿qué tipo de padres podrían enseñar a sus hijos que violar está bien? Con los juegos pasa igual. Cada uno es responsable de sí mismo, y aunque intentemos prohibir muchas cosas, con internet, hoy en día, es imposible, lo más que se puede hacer, es concienciarles en casa para que distingan entre la realidad, la ficción lo que está bien y lo que está mal.

10.- VENTILACIÓN Y ENFRIAMIENTO

Cuando se acerca el verano o los meses más calurosos del año, instalar sistemas de aire acondicionado en nuestras viviendas puede ayudar a mantener una temperatura aceptable, ya no sólo para el usuario, sino también para el ambiente del ordenador. Por lo pronto, esto es lo ideal para pasar un buen verano fresquito y en casa. Ahora bien, como todo, esto tiene ciertos problemas, para ello, se hará un análisis de los distintos tipos de ventiladores/aires acondicionados que podremos instalar en casa:

Ventilador de pie: Este es uno de los sistemas más económicos que existen, ya no solo por el consumo (entre 45 y 50 w), sino porque el propio aparato suele costar unos 20-30€ en función de marcas y calidades (también al actualizar el artículo en 2024). Ahora bien, en muchos casos, este tipo de ventiladores dan problemas como dolores de cabeza o malestar si apuntan directamente a la cabeza del usuario y el ordenador apenas lo nota, por tanto, no es el más óptimo para mantener una habitación a buena temperatura.

Ventilador de techo: Estos ventiladores resultan bastante cómodos porque no ocupan espacio físico en el suelo como los anteriores, sin embargo, además de tener un consumo un poco más alto que éstos, suelen costar en torno a 100 € (al actualizar este artículo hay precios dispares, entre 50 y 150 €) y además no dan nada de aire (caudal de aire) a la habitación en la que se está, por esto mismo, son totalmente desaconsejables, sobre todo si se tienen habitaciones más altas de lo normal, o más largas o el ventilador es poco potente. Habría que poner varios para poder dar aire en toda la habitación de forma uniforme.

Aire acondicionado: sin duda alguna este es el sistema más eficaz en cuanto a rendimiento por el frío que puede aportar (también calor para soportar el invierno), sin embargo, es el aparato que más consumo tiene, pues tiene una media de 800 w, dependiendo del fabricante y el costo de la compra del aparato es elevado, pueden rondar de los 300 a los 2000 € (al actualizar el artículo a 2024, los precios no han variado, aunque por 300 € cuesta encontrar algo; tiende a ser sin montaje… lo más económico ronda los 800 €). Este tipo de refrigeración tiene inconvenientes, sobre todo en cuanto a enfermedades, tipo Legionela. Pero con un buen desinfectante y limpiezas casi mensuales, esto no debería de dar problemas.

Aire acondicionado industrial: Aunque este tipo de aires van enfocados a empresas (centros comerciales, empresas grandes, etc), es necesario comentarlo por el alto costo que suelen tener, el precio elevado de los aparatos y la instalación. El consumo suele rondar más de 3000 w y el precio inicial de estos aparatos cuesta más de 5 o 6 mil euros, principalmente por la gran instalación que llevan (tuberías por fuera de los edificios, los conductos del aire…). En estos tipos de aire es donde más problemas y enfermedades se han encontrado (tos, resfriados nasales, faringitis, bronquitis, neumonía, legionela).

Como seguramente a nadie le guste pagar más por algo, o cuanto menos no saberlo hasta que venga la factura de su compañía eléctrica, se tratarán de poner unos cálculos aproximados en sus tiempos y días máximos de cada aparato eléctricos (se realiza una media y una estimación, pues también depende mucho de las políticas energéticas que existan en el país).

Lo primero es conocer a cuánto se paga el kw/h, que por lo general, suele estar en 0,12 € y 0,14 € (Agosto 2011). En la actualización de estos precios en el 2024 varía mucho, pues hay compañías a 0,12 € otras a 0,08 € y, en un año donde el gobierno del PSOE impuso un impuesto nuevo llamado «tope al gas», este precio llegó a dispararse a casi 0,40 €:

Lo segundo es realizar el cálculo en función del aparato, se pondrá como ejemplo un ventilador de 45 w.

Pasar los w/h a kw/h: 45/1000 = 0,045 Kw/h.

Multiplicar el costo del Kw/h por el consumo de 1 hora: 0,045 * 0,14 = 0,0063 €

Multiplicar el precio de los KW/H por las horas que se usa al día (lo más desfavorable sería tenerlo 24 h encendido): 0,0063 * 24 = 0,15 €/día.

Multiplicar los €/día por los días que se usa al mes (lo más desfavorable, 30 días): 0,15 * 30 = 4.5 €/mes costaría tener el ventilador.

A continuación, se deja una lista aproximada de costos en relación a su consumo:

EQUIPO	CONSUMO (kw)	COSTO (€/mes)
Ventilador de pie	0,045	4,536
Ventilador de techo	0,06	43,2
Aire acondicionado	1	100,8
AC. Industrial	3	302,4

Hay otros sistemas de ventilación/enfriamiento disponibles en el mercado (ventiladores con agua, ventiladores en torre, etc) pero al fin y al cabo, son similares a los primeros, por tanto quedan explicadas sus ventajas y sus inconvenientes. Ahora es elección de cada uno dependiendo de la situación económica de cada uno.

11.- ENCRIPTACIÓN

Aunque se ha tocado algo de este tema en el artículo de «seguridad en el ordenador», es bueno que haya un artículo aparte sobre este tema, el cual es bastante interesante y puede ser muy extenso, lo primero es contar un poco el origen de esta «ciencia» y de estas inquietudes de la humanidad y, por supuesto, no se podrá dejar el artículo sin hablar de una de las máquinas más interesantes que han existido a este respecto, pues fue un invento alemán, esta máquina en particular se llamaba: Enigma.

Lo primero que cabría comentar es una explicación sobre la encriptación. La encriptación es un sistema a través del cual se oculta información, ya sea a nivel escrito como a nivel (más hoy en día) de documentos y datos informáticos.

El objetivo de encriptar la información no es otro que el de conseguir que sólo el receptor de un mensaje o información pueda leer lo que se le envía, sin que un tercero capte el mensaje o robe la información.

El primer sistema de encriptación conocido era la Escítala a través del cual los espartanos cifraban los mensajes (sobre todo en la guerra) para que llegara a los altos mandos.

> *El sistema consistía en dos varas del mismo grosor que se entregaban a los participantes de la comunicación. Para enviar un mensaje se enrollaba una cinta de forma espiral a uno de los bastones y se escribía el mensaje longitudinalmente, de forma que en cada vuelta de cinta apareciese una letra de cada vez. Una vez escrito el mensaje, se desenrollaba la cinta y se enviaba al receptor, que sólo tenía que enrollarla a la vara gemela para leer el mensaje original.* (Gutiérrez Astilleros, 2018; Hoyos A, 2012).

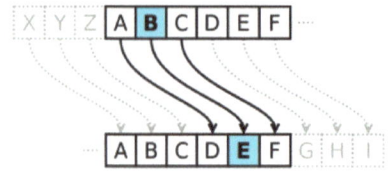

Imagen 20.- Encriptación César con 3 posiciones de desplazamiento. Fuente: autor. Fecha: 2011.

También los romanos desarrollaron un sistema llamado César en el que se enviaban 2 objetos:

Consistía en enviar un texto cifrado y un número. Este número significaba el desplazamiento para conocer la posición que ocupa cada letra encriptada en el del abecedario.

Como se puede comprobar este tipo de encriptación es bastante pobre, porque tiene 27 opciones hacia la derecha y 27 hacia la izquierda, es decir, que en 10 minutos, cualquier ordenador ha sacado unas cuantas frases (al actualizar este artículo, cabría matizar que se obtendrían en apenas unos segundos) y, seguramente, entre ellas la encriptada, ahora bien, siempre existen opciones de ir combinando los métodos de encriptación.

En 1465, el italiano Leon Battista Alberti, inventó un nuevo sistema de sustitución polialfabética que supuso un gran avance para la época. Uno de los criptógrafos más importantes del siglo XVI fue el francés Blaise de Vigenère que escribió un importante tratado sobre «la escritura secreta» y que diseñó un sistema de cifrado que ha llegado a nuestros días asociado a su nombre (Galende Díaz, 1995; Gómez Urgellés, 2018).

Durante los siglos XVII, XVIII y XIX, el interés de los monarcas por la criptografía fue notable. Las tropas de Felipe II emplearon, durante mucho tiempo, un sistema de cifrado con un alfabeto de más de 500 símbolos que los matemáticos del rey consideraban inexpugnable. Cuando el matemático francés, François Viète, consiguió cripto-analizar aquel sistema para el rey de Francia, a la sazón Enrique IV, el conocimiento mostrado por el rey francés impulsó una queja de la corte española ante del papa Pío V acusando a Enrique IV de utilizar magia negra para vencer a sus ejércitos. Por su parte, la reina María Estuardo, reina de Escocia, fue ejecutada por su prima Isabel I de Inglaterra al descubrirse un complot de aquella tras un criptoanálisis exitoso por parte de los matemáticos de Isabel (Baudis, 2021; Valencia Tarazona, 2009).

Durante la Primera Guerra Mundial, los Alemanes, usaron el cifrado ADFGVX. Este método de cifrado es similar a la del tablero de ajedrez Polibio. Consistía en una matriz de 6 x 6 utilizado para sustituir cualquier letra del alfabeto y los números 0 a 9 con un par de letras que consiste en A, D, F, G, V, o X (este sistema es parecido al que sale en El Coche fantástico).

Ahora se dará un salto en la historia hasta la máquina Enigma, de ésta hay que comentar, que aún hoy en día se siguen descifrando muchos mensajes que enviaron los nacionalsocialistas durante la guerra. Gracias a que los aliados consiguieron saltar esta encriptación, la guerra acabó antes.

Imagen 21.- Máquina Enigma en el Museo del Alcázar de Toledo. Fuente: autor. Fecha: 2011.

La máquina Enigma era un dispositivo electromecánico, lo que significa que usaba una combinación de partes mecánicas y eléctricas. El mecanismo estaba constituido fundamentalmente por un teclado similar al de las máquinas de escribir cuyas teclas eran interruptores eléctricos, un engranaje mecánico y un panel de luces con las letras del alfabeto.

El corazón de la máquina Enigma era mecánico y constaba de

varios rotores conectados entre sí. Un rotor es un disco circular plano con 26 contactos eléctricos en cada cara, uno por cada letra del alfabeto. Cada contacto de una cara está conectado o cableado a un contacto diferente de la cara contraria. Por ejemplo, en un rotor en particular, el contacto número 1 de una cara puede estar conectado con el contacto número 14 en la otra cara y el contacto número 5 de una cara con el número 22 de la otra. Cada uno de los cinco rotores proporcionados con la máquina Enigma estaba cableado de una forma diferente y los rotores utilizados por el ejército alemán poseían un cableado distinto al de los modelos comerciales.

Dentro de la máquina había, en la mayoría de las versiones, tres ranuras para poder introducir los rotores. Cada uno de los rotores se encajaba en la ranura correspondiente de forma que sus contactos de salida se conectaban con los contactos de entrada del rotor siguiente. El tercer y último rotor se conectaba, en la mayoría de los casos, a un reflector que conectaba el contacto de salida del tercer rotor con otro contacto del mismo rotor para realizar el mismo proceso, pero en sentido contrario y por una ruta diferente. La existencia del reflector diferencia a la máquina Enigma de otras máquinas de cifrado basadas en rotores de la época. Este elemento, que no se incluía en las primeras versiones de la máquina, posibilitaba que la clave utilizada para el cifrado se pudiera emplear en el descifrado del mensaje. Se pueden observar en la parte superior de la imagen los tres rotores con sus correspondientes protuberancias dentadas que permitían girarlos a mano, colocándolos en una posición determinada.

Cuando se pulsaba una tecla en el teclado, por ejemplo, la correspondiente a la letra A, la corriente eléctrica procedente de la batería se dirigía hasta el contacto correspondiente a la letra A del primer rotor. La corriente atravesaba el cableado interno del primer rotor y se situaba, por ejemplo, en el contacto correspondiente a la letra J en el lado contrario. Supongamos que este contacto del primer rotor estaba alineado con el contacto correspondiente a la letra X del segundo rotor. La corriente llegaba al segundo rotor y seguía su camino a través del segundo y tercer rotor, el reflector y de nuevo a través de los tres rotores en el camino de vuelta. Al final del trayecto, la salida del primer rotor se conectaba a la lámpara correspondiente a una letra, distinta de la A, en el panel de luces. El mensaje de cifrado se obtenía, por tanto, sustituyendo las letras del texto original por las proporcionadas por la máquina.

Cada vez que se introducía una letra del mensaje original, pulsando la tecla correspondiente en el teclado, la posición de los rotores variaba. Debido a esta variación, a dos letras idénticas en el mensaje original, por ejemplo, AA; les correspondían dos letras diferentes en el mensaje cifrado, por ejemplo QL. En la mayoría de las versiones de la máquina, el primer rotor avanzaba una posición con cada letra. Cuando se habían introducido 26 letras y, por tanto, el primer rotor había completado una vuelta completa, se avanzaba en una muesca la posición del segundo rotor, y cuando éste terminaba su vuelta, se variaba la posición del tercer rotor. El número de pasos que provocaba el avance de cada uno de los rotores, era un parámetro configurable por el operario.

Debido a que el cableado de cada rotor era diferente, la secuencia exacta de los alfabetos de sustitución variaba en función de qué rotores estaban instalados en las ranuras (cada máquina disponía de cinco), su orden de instalación y la posición inicial de cada uno. A estos datos se les conocía con el nombre de configuración inicial, y eran distribuidos, mensualmente al principio y con mayor frecuencia a medida que avanzaba la guerra, en libros a los usuarios de las máquinas.

El funcionamiento de las versiones más comunes de la máquina Enigma era simétrico en el sentido de que el proceso de descifrado era análogo al proceso de cifrado. Para obtener el mensaje original sólo había que introducir las letras del mensaje cifrado en la máquina, y ésta devolvía una a una las letras del mensaje original, siempre y cuando la configuración inicial de la máquina fuera idéntica a la utilizada al cifrar la información (Plaza Martín, 2021; Hernández Encinas, 2016; Salas Molina, 2021; Stephenson, 2005).

Tal como se comentó en otro capítulo, existen diccionarios como el Rockyou2024, donde se almacenan contraseñas filtradas.

Aunque los tiempos han cambiado, se han desarrollado muchos sistemas nuevos de encriptación, cada uno más complejo que el anterior pero no por ello indescifrable. Parece un deseo lógico el querer que la información de los discos duros, de casa, del coche… estén seguros y puesto que los robos y las pérdidas siempre han existido, se deben conocer programas o sistemas de encriptación para salvaguardar todos los datos de la forma más fiable posible.

Hoy en día, hay muchos programas que tienen el finde proteger y encriptar los datos, sin embargo, dos son los más utilizados (aunque en la actualización, cabe mencionar que uno ya no existe y se ha modificado).

El primero, es uno que trae el propio Windows 7 Ultimate llamado Bitlocker (sistema que se sigue manteniendo en 2024, con Windows 10 y Windows 11), pese a que ha habido muchas noticias y programas que dicen descifrar las claves de éste, es totalmente falso, pues lo primero que debe hacer es tener acceso al equipo y, lo segundo, lo único que hace es capturar las teclas que se pulsan cuando se piden en la unidad con Bitlocker, por tanto, no lo consigue descifrar. La mayor parte de ataques de descifrado es por la captura de la contraseña con el equipo arrancado y dentro de la propia sesión, algo que cuando el equipo se apaga o la unidad no está conectada, no puede sacarse. Así mismo, cabe mencionar que todos los sistemas de encriptación deben basarse en poner contraseñas robustas, largas y con caracteres especiales, de esta forma los tiempos de obtener la contraseña por fuerza bruta crecerán.

Cabe aclarar, que si se quiere escribir y leer al mismo tiempo desde una unidad, se debe tener instalado única y exclusivamente Windows 7, ahora bien, si lo que se quiere es poder acceder a la información sin que ésta sea modificada, podrá tenerse Windows XP (cualquier SP) y Windows Vista (cualquier versión), eso sí se deberá tener en cuenta 2 cosas importantes tanto en XP como en Vista:

La unidad que se cifra con bitlocker deberá estar formateada en FAT o FAT32. Si se formateara en NTFS dará problemas de que no reconoce el disco y hay que formatearlo.

Se deberá instalar una actualización que se llama Bitlocker to go en el sistema donde se vayan a leer los archivos, se seleccionará un lector en función de la plataforma del equipo (x64, x86).

No hace falta ser administrador del equipo para leer el dispositivo USB.

Tras aclarar los requisitos previos y sin los que no habría ninguna opción de lectura, se procederá a ver cómo funciona este potente encriptador.

Lo primero que se debe hacer es abrir Bitlocker para ver realmente qué unidad se va a cifrar (ver imagen XXX).

Con el simple hecho de dar a Turn On, Bitlocker empezará paso a paso a cifrar la unidad deseada, hay que seguir bien los pasos, leyéndolo todo y sin olvidarse de poner una contraseña lo más segura posible.

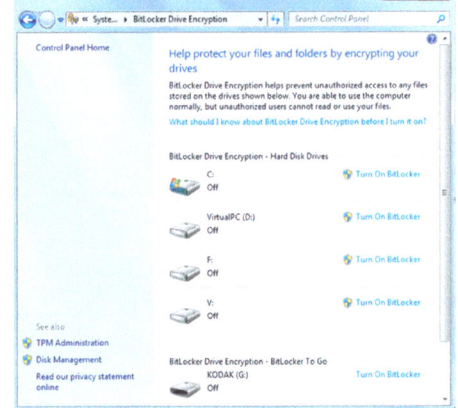

Imagen 22.- Bitlocker. Fuente: autor. Fecha: 2011.

Se debe guardar, en una unidad a parte (o imprimir), la clave de recuperación por si se olvidara la clave… eso sí, es importante acordar de dónde se guarda, y que no sea en el mismo pen drive que se encripta (de hecho da un aviso si se hace eso).

Tras todos esos pasos, comenzará el cifrado de la unidad, eso sí, va a ser bastante lento, algo así como 1 hora por cada 15 GB (depende del equipo que se tenga), es decir, que si se va a cifrar un disco duro de 250 GB, hay que armarse de paciencia, pues tardará unas 16 horas de media.

Una vez se haya terminado de cifrar el disco, ya se podrá copiar todo en su interior, eso sí, es un proceso más lento que en la copia directa, pues la información se cifra y se copia en el disco.

Si todo es correcto, la clave funciona y demás, ya estaría disponible el USB protegido.

Si no se quisiera encriptar todo un disco duro y lo que se quisiera fuera encriptar un archivo, se podría hacer con el popular programa de compresión:

Winrar: Seguramente sea conocido por ser un programa para comprimir carpetas y archivos, pues además de esta utilidad, sirve para cifrar estas carpetas o archivos. Simplemente se deberá poner una contraseña de la siguiente forma (ver capítulo 6).

Con esto será suficiente para tener nuestros archivos seguros y que, si son robados, nadie podrá verlos, eso sí, hay que recordar la explicación de las contraseñas para poner una lo más larga posible y segura.

Winrar, propiamente dicho, no es un programa de encriptación, aunque bien hace esta función.

Además de estos, otro de los programas más utilizados es el:

Truecrypt: Uno de los encriptadores más conocidos, su inconveniente es que necesitas instalar un driver cada vez que quieras leer de él, y por tanto se debe ser administrador del equipo destino. Trabaja igual que todos, crea una unidad «oculta» que sólo la puede ver el programa de Truecrypt tras introducir una contraseña. Su interfaz es intuitiva, pero la configuración inicial hay que hacerla con tiento y sabiendo bien dónde se pulsa, eso sí, realiza una copia de seguridad de tu USB antes de realizar cualquier modificación. Ahora bien, en ciertas ocasiones, estos sistemas son ineficaces por el volumen o por la cantidad de información que se quiera guardar, por ejemplo. Como símil: si se quisieran guardar en una caja fuerte miles de millones de kilos de oro, lo normal no es confiarlo a un programa desarrollado por no se sabe quién… por ello se inventaron los sistemas de encriptación biométricos, estos sistemas están basados en las diferencias del cuerpo humano para cifrar la información, por ejemplo, al igual que la policía tiene fichas con las huellas dactilares, éstas podrían utilizarse para abrir la puerta del coche, o la de una caja fuerte. Eso sí, se corre el riesgo de que amputen un dedo o extraigan un ojo (como en la película Demolition Man) para este fin. Incluso con el paso de los años, las huellas se van perdiendo, eso ocurre con personas de más de 65 años cuando se van a renovar el DNI.

También existen métodos de reconocimiento facial, por ejemplo, las cámaras que se ponen de la DGT por autovías y demás, sirven tanto para buscar matrículas, como gente si es preciso por una ciudad.

Estos sistemas son los más eficaces, puesto que se basan en el físico «del propietario» para salvaguardar la información que éste necesite, como podría ser el caso de la caja fuerte

Existen cajas fuertes biométricas, algunas están protegidas por 14 capas de acero inoxidable antibalas. Para el sistema de apertura, dispone de un lector biométrico capaz de guardar hasta un total de seis huellas dactilares diferentes.

En su interior esconde un compartimiento secreto que ofrece niveles de seguridad avanzada para objetos más valiosos.

Los dispositivos USB también cuentan con un sensor único en forma de franja que permite que el usuario tenga acceso a datos protegidos con tan sólo escanear su huella digital.

La tecnología biométrica no solamente hace que sea fácil guardar información y mantenerla protegida, sino que también permite que el usuario se conecte automáticamente a cualquier sitio web en el cual tenga una cuenta registrada.

Los controles de presencia escanean tu huella y en función de la programación que tengan adjudicada te permitirá abrir puertas, fichar horarios en trabajos…

Estos sistemas son bastante usuales en empresas, sin embargo hay que tener en cuenta que al funciona con la luz, cualquier corte de luz puede dejar el edificio cerrado a cal y canto, por ello es bueno que haya sistemas de seguridad para evitar cortes de luz.

Tras actualizar este artículo al año 2024, cabría hacer mención a varios puntos.

El primero de todos, es que la aplicación TrueCrypt ya no existe, es una aplicación que tuvo un ciclo de vida y dejó de usarse prácticamente en el año 2012. Hoy en día se utiliza VeraCrypt; es una aplicación de código abierto que sirve para encriptar carpetas o unidades. Es muy intuitiva y se puede utilizar en cualquier equipo actual.

La interfaz es sencilla:

Te permite montar unidades, crear contenedores encriptados, cifrar particiones y hacerlas ocultas. Este aspecto es el más interesante, pues puedes crear un contenedor (como si fuera una carpeta) con dos contraseñas, la primera dará acceso a una parte, y la segunda dará acceso a la oculta. Es un programa muy potente y muy recomendable.

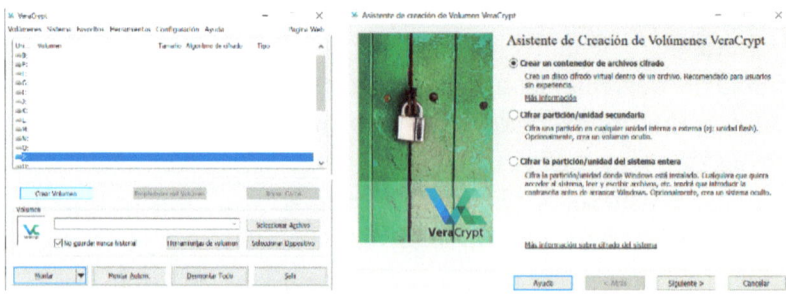

Imagen 23.- Veracrypt. Fuente: autor. Fecha: 2024.

Además de esto, Windows o 7Zip se siguen utilizando como

programas de compresión, pero también se les puede poner contraseña.

Así mismo, Bitlocker sigue funcionando en los sistemas operativos Windows actuales (10 y 11), aunque ha cambiado algo la interfaz.

Así mismo, funciona igual que la versión de Windows 7, pero también da la opción de cambiar el algoritmo de encriptación y la cantidad de fuerza que tenga, aumentando los bits. Basta con ir al registro de Windows y localizarlo (ejecuta: gpedit.msc):

Imagen 24.- Bitlocker Win10. Fuente: autor. Fecha: 2024.

Configuración del equipo > Platillas administrativas > Componentes de Windows > Cifrado de unidad BitLocker.

Una vez dentro, se debe seleccionar: «Elegir método de cifrado e intensidad de unidad…» se debe habilitar y poner en AES 256 bits o bien, en XTS-AES 256 si la elección es la de Windows 10.

También cabría actualizar este artículo haciendo mención a un programa de gestión de contraseñas. Existen varios, pero uno de ellos es de código abierto. El programa en cuestión es KeePass.

Se debe crear una base de datos con una contraseña maestra, la cual dará acceso a todas las contraseñas utilizadas.

Una vez se haya creado, ya se podrán introducir aplicaciones y contraseñas. En función del tipo, se podrán crear carpetas para organizarlo.

Lo más interesante de esta aplicación es que incluye un generador de contraseñas aleatorias, a las cuales se les podrá añadir distintas opciones para hacerla más larga y segura.

Como se puede comprobar, permite mayúsculas, minúsculas, dígitos, guiones, rayas bajas, espacios, especiales, paréntesis,

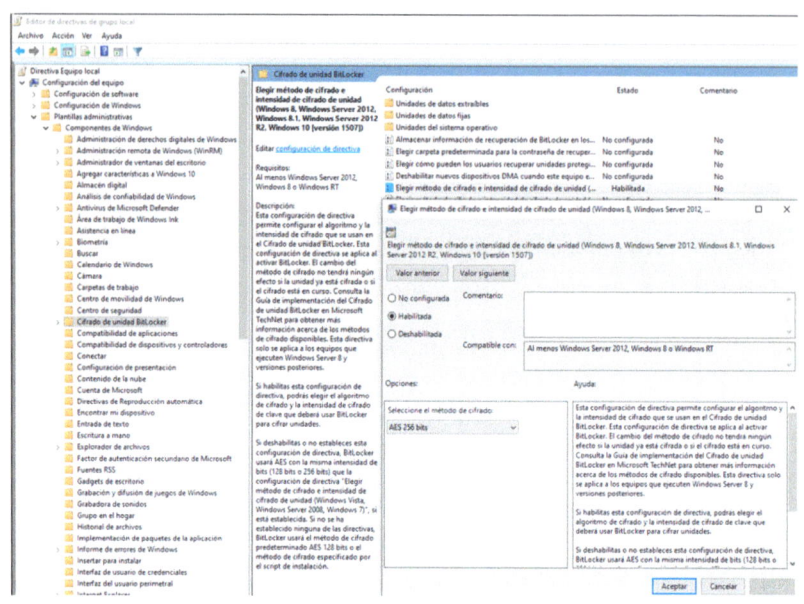

Imagen 25.- Bitlocker directivas de seguridad para aumentar método de encriptación wn Windows 10. Fuente: autor. Fecha: 2024.

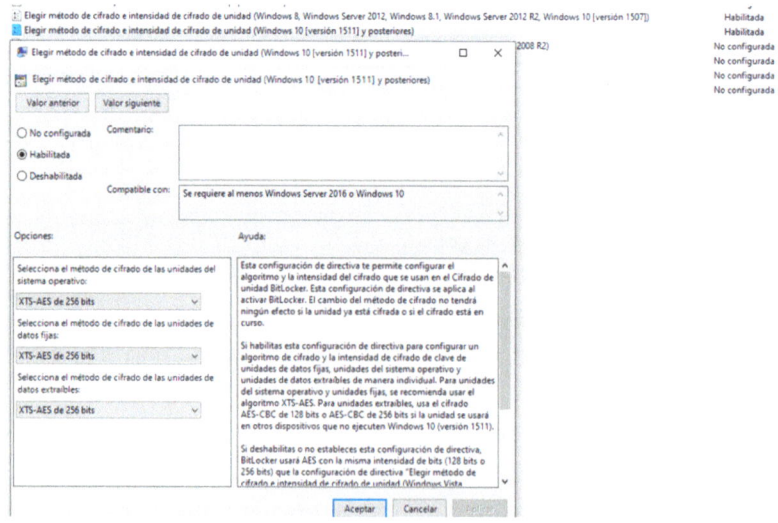

Imagen 26.- Habilitar las directivas de seguridad y elegir la alternativa de AES por XTS-AES 250 bits. Fuente: autor. Fecha: 2024.

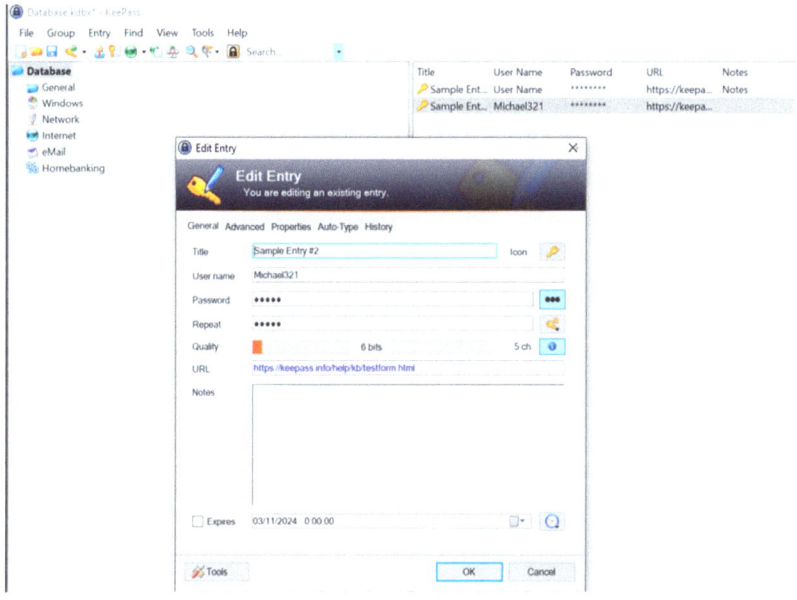

Imagen 27.- Organización dentro de Keepass. Fuente: autor. Fecha: 2024.

caracteres latinos y, lo más interesante, la longitud de la contraseña. Para el año 2024, con una longitud de 20 caracteres ya se considera bastante segura, pero se puede llegar a lo que se quiera.

Después, se hace click en la pestaña de «Preview» y mostrará algunas de las opciones de contraseñas que se han generado; por motivos de seguridad, no se muestra imagen de ello.

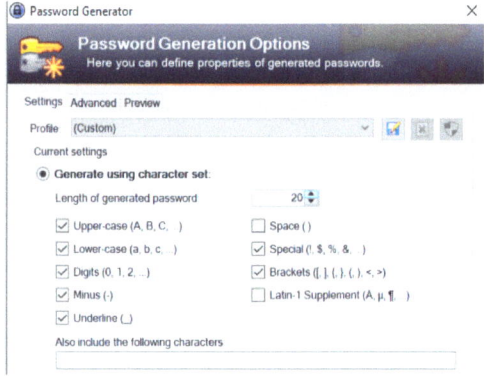

Imagen 28.- Generador de contraseñas dentro de Keepass. Fuente: autor. Fecha: 2024.

12.- FORMATOS DE VÍDEOS

Cuando se realizan copias privadas de películas se pueden ripear (término utilizado para convertir un DVD en un archivo de vídeo) en distintos formatos, los cuales tendrán una calidad u otra y, por consiguiente, se notará en el tamaño del archivo resultante. Es muy común, que aparezcan varias dudas a la hora de saber qué calidad de vídeo hacer, o qué tipo de formato de vídeo comprar.

Para ello, se tratará de explicar brevemente algunos de los formatos más utilizados. Como dato tras actualizar el artículo, cabe mencionar que muchos de estos formatos ya no se utilizan por su baja calidad, aunque en películas muy antiguas que no existían soportes de más calidad, quizá se puedan seguir viendo.

Formatos de vídeo comerciales:

DVD: Actualmente, es uno de los formatos más extendidos, por su bajo precio, lo que hace accesible a prácticamente a todo el mundo su compra. La calidad es bastante aceptable para hasta pantallas de 32", a partir de ahí, ya se empieza a notar la mala calidad. La capacidad de estos discos (normalmente de doble capa) es de 9 GB, aproximadamente. En el año 2024 este formato no se encuentra en tiendas de primeras marcas, sino que ha quedado relegado a tiendas de segunda mano.

Blu-ray: Formato de vídeo que poco a poco va ganando mercado, y va bajando precios, aunque aún le queda mucho por mejorar. Es bastante la diferencia en cuanto a calidad que existe entre el DVD y el Blu-ray, sobre todo para televisiones grandes, por ejemplo, en pantallas de 52" la diferencia es abismal. El Blu-ray tiene una capacidad (de doble capa) de 50 GB, lo que hace que se pueda meter una calidad de vídeo bastante más elevada que la del DVD. Normalmente, para películas en 3D, también se utiliza este formato. Con la actualización del artículo cabría señalar que se sigue utilizando incluso en pantallas muy grandes.

HD DVD: Aunque es un formato descatalogado, y exclusivo de Toshiba, viene bien nombrarle para conocer un poco más de qué va este tema. En el año 2008 Toshiba confirma que abandona este formato, y de ahí obtuvo fuerza el Blu-Ray. La capacidad de este disco (en doble capa) era de 30 GB, es lógico que una vez se decantan por soportes de alta definición, vayan al Blu-Ray, que tiene una capacidad bastante superior.

Copia Digital: La copia digital es uno de los sistemas más baratos que tienen las productoras para facilitar material, porque simplemente se basa en copias digitales (lo que viene siendo un archivo MP4, o de algún formato similar tipo MKV), lo que hace que no sea necesario un soporte físico, ni carátulas, ni cajas, etc. Normalmente, este tipo de archivos se facilitan ya con cualquiera de los dos formatos anteriores, incluso ahora vienen los 3 formatos incluidos en la misma caja. Al actualizar este artículo, cabe señalar que ya apenas hay DVD y que la copia digital se ha quedado para estar en exclusiva.

Para los profesionales que se dedican a la realización de vídeos, con sus correspondientes permisos, existe una cantidad ingente de formatos, una cantidad increíble de métodos de ripeo, etc.

Se tratará de explicar y de dar una breve explicación de cada tipo de ripeo que es conocido, al menos a día de hoy (y se actualiza la lista hasta el 2024 de los más conocidos):

RipCAM: Este es uno de los formatos que menos calidad tienen, son vídeos grabados con una grabadora/cámara/etc. y pasadas a formato digital. Ocupan bastante poco espacio debido a su mala calidad, tanto de vídeo como de audio.

Telesync (abreviado como TS): Tiene la misma pésima calidad que un RipCAM, la única diferencia es la calidad del audio, que se ve mejorada en cierta medida, debido a que no se obtiene directamente desde el medio en que se ha grabado, sino que se ha utilizado un aparato externo (un micrófono en los altavoces, o cualquier otro sistema que se pueda adaptar).

TelesyncHQ, TS Screener HQ: Es como un Telesync pero grabado con una cámara de alta definición, de esta forma se incrementa la calidad general, pero particularmente la calidad del vídeo, que puede ser realmente bueno.

Telecine (Abreviado como TC): Este formato va referido a la grabación directa desde un proyector, por ejemplo, en un cine, la grabación directa desde el proyector. Tanto el sonido, como la imagen son bastante buenos, aunque debido a los aparatos que se suelen utilizar no siempre lo es.

VHSRip: La calidad de este ripeo deja bastante que desear, porque se ve limitada por el medio, es decir, lo que se hace es pasar un VHS a un formato digital, lo que implica, que nunca se podrá mejorar la calidad del VHS, pero por lo general, para películas antiguas, suele ser bastante aceptable y siempre que el visionado se haga en pantallas de menos de 32". Se suelen utilizar con capturadoras, y la conexión a un reproductor VHS.

Screener (Abreviado como SRC): Es un tipo de grabación de medios promocionales, por ejemplo, las películas que se mandan a videoclubs. La calidad de la imagen suele ser bastante mala, y la del audio pésima. Es uno de los formatos menos recomendados para ripear cualquier vídeo. Al actualizar este artículo hay que comentar que este formato apenas se usa porque los videoclubs ya no existen y hay otros sistemas mejores.

DVDScreener (Abreviado como DVDSRC): Similar al anterior, sólo que los medios promocionales son un DVD, pero la calidad tanto del audio como del vídeo es bastante mala.

R5: Son formatos exclusivos de Rusia (ahora se podrá entender lo de que son exclusivos), debido a que en Rusia existe mucha piratería, se decidió hacer Telecines, pero con calidades de equipos profesionales, lo que da una calidad de imagen muy buena, pero un audio algo más malo.

R6: Es exactamente igual que el R5 salvo que incluyen zona 6, es decir, chino y subtítulos de Mandarín, Chino y Cantonés.

TVRip: Se utiliza para formatos de series, películas que hayan echado en televisión, programas, documentales, etc., con una calidad de Televisión estándar, es decir, es bastante buena tanto la imagen como el audio.

HDTV: Similar al anterior, salvo que son ripeos de canales en HD, por ejemplo, partidos de fútbol de Canal+ Liga HD, o canales normales que tengan el HD (hay que matizar que el HD son 720p, a diferencia del FULL HD que son 1080p).

SatRip: Calidad bastante buena porque son capturas desde una emisión digital, como el satélite, es comparable a la calidad de un DVD.

DVDRip: Uno de los formatos más populares por su relación calidad/tamaño, lo que significa, que es un ripeo de un DVD, en el cual se suele incluir sólo un idioma para que no ocupe más espacio del necesario, calidad de audio muy buena y del vídeo ídem.

DVDR (Abreviado normalmente como FULLDVD, DVD-Full, Full-Rip): Es una copia de seguridad de un DVD original, lo que significa que se omiten menús para quitar tamaño absurdo, y alguna que otra cosa, pero suele llevar varios idiomas y subtítulos incrustados, es necesario un programa como el VLC para poder dividirlo todo de forma correcta.

WebRip: Es una descarga de internet, normalmente con calidad de imagen HD, lo que suele no ser muy bueno es el audio, pero suele tener una relación bastante aceptable.

Web-DL: Son grabaciones de sistemas de internet, streaming normalmente, como partidos de fútbol desde otros países, etc. Son uno de los formatos con mejor calidad, no tiene marcas de agua, y el audio llega a ser un 5.1, incluso algunos son de 7.1. Normalmente ocupan mucho, 1 GB cada 30 minutos de vídeo (mucho para la época del artículo).

BDRip: Similar al DVDRip, sólo que el disco de origen es un Blu-Ray, normalmente son en formato matroska (MKV) y dan una buena calidad.

BRSCR y BRRip: Son similares a los DVDSRC y al

DVDRip, debido a que la fuente es un Blu-Ray, la calidad tanto de audio como de vídeo es muy, pero que muy buena. Cuando la resolución con que fue ripeado es de 1280×720, se etiquetan como 720p. Si se ripearon a 1920×1080, entonces son 1080p.

Blu-Ray Full (Abreviado normalmente como BDFull, BRFull): Es igual que el DVD Full, pero con un Blu-Ray, lo que significa que es de una calidad inmejorable, es la mejor, pero eso sí, rondan los 40 GB de tamaño, en la época del artículo no eran los más recomendables por la falta de espacio de almacenamiento, al actualizar este artículo se puede comprobar que hay más formatos con mejor relación calidad/tamaño.

MicroHD-720p: tiene una resolución de 720p, pero se le baja mucho el bitrate (es decir, la calidad de imagen a través de la tasa de bits por segundos de cada imagen), para conseguir una calidad buena con un tamaño muy ajustado. Estos archivos rondan los 4 GB.

MicroHD-1080p: Igual que el anterior, pero a 1080p y una calidad un poco superiores, estos ya ocupan casi el doble que el anterior, unos 6-8 GB.

4K: La resolución es 4K, normalmente unos 2160p, el origen es de un Blue-ray y tiene una calidad excelente, tiende a ocupar más de 20 GB por archivo.

HDrip: La calidad es bastante baja porque su resolución es de 420p, el origen es de un blue-ray y el archivo tiende a tener el códec H264, el tamaño del archivo no suele llegar a los 2 GB, pero su calidad deja bastante que desear en pantallas grandes.

BDremux-1080p: es una resolución de 1080p, su origen es un blue-ray, normalmente utiliza los códecs más modernos, tipo H264, AVC, etc. Es uno de los archivos que más ocupa (una media de uno 25 GB) pero tienen una de las mejores calidades.

13.- TECNOLOGÍA Y ECOLOGÍA

Realicé una publicación sobre tecnología y ecología, pero había puntos que eran bastante inexactos y he preferido no ponerlo. En relación a este punto, en unos meses publicaré un libro que tratará este tema más en profundidad. En caso de querer leerlo, deberá prestar atención a mi publicación en Amazon dentro de mi perfil.

14.- MANTENIMIENTO DE PC

Muchas personas como yo, en el ordenador no tenemos datos muy importantes y tampoco accedemos a bancos o sitios que nos pueda perjudicar el robo de contraseñas, por lo tanto, no tengo un sistema de seguridad activo instalado en el ordenador (tipo antivirus con firewall, etc), la ventaja sobre el que sí lo tiene es que tengo todos los recursos de mi ordenador disponibles para lo que haga en ese momento, por ejemplo, si estoy con un juego muy exigente, no me veré perjudicado frente a otro que sí tenga un sistema antivirus instalado. Cabe mencionar que con la actualización del artículo, igual que en otros capítulos, esto ya no supone un problema por la potencia que tienen los equipos, pues los antivirus apenas tienen impacto en el rendimiento del equipo.

Por esto mismo, mi equipo es vulnerable a ataques y a infecciones (gusanos, virus, spyware, etc) asique tengo programas para mejorar el rendimiento de mi equipo (eso si no me da por formatearlo cada mes) para evitar problemas;

Algunas de las herramientas que uso las trae el propio sistema operativo (hay que descargarlas, pero son de Microsoft) entre ellas una utilidad que realiza la función de antivirus y antispyware llamada: Microsoft Safety Scanner. Con la actualización

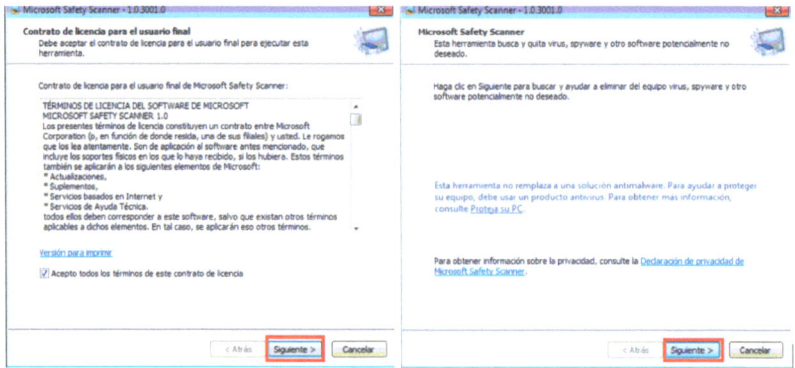

del artículo, este programa ha pasado a llamarse: Examen de seguridad de Microsoft.

Es una aplicación muy fácil de usar, simplemente hay que descargarla diariamente y ejecutarla, sin más, no lleva un sistema avanzado de botones ni nada, es una interfaz muy intuitiva:

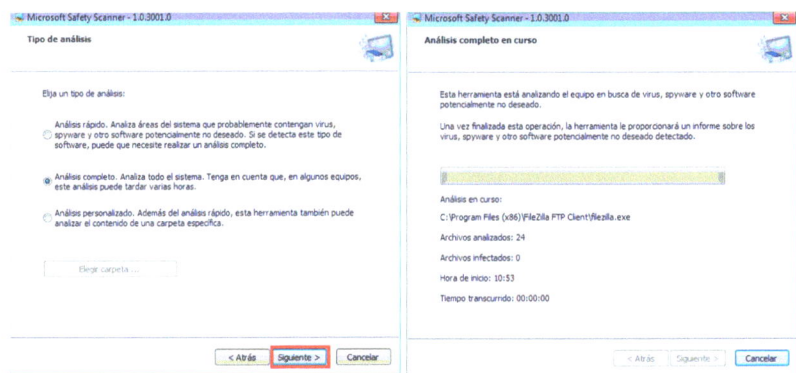

Imagen 29.- Safety Scanner. Capturas de la aplicación. Fuente: autor. Fecha: 2011.

Además, está disponible en las versiones de 32 y de 64 bits. Tras actualizar el artículo, el programa tiene esta presentación, aunque no parece haberse modificado en exceso su apariencia.

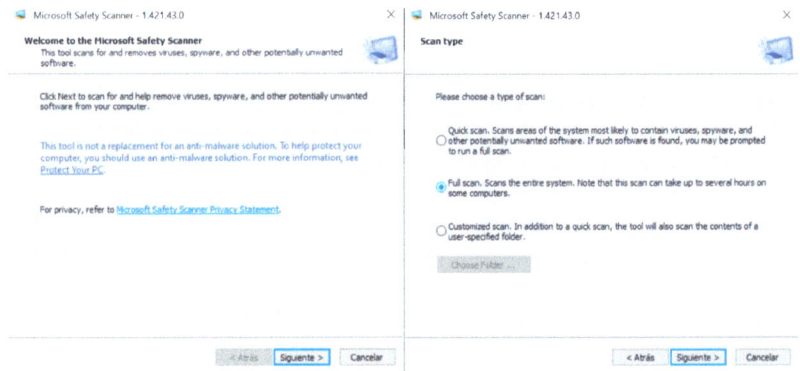

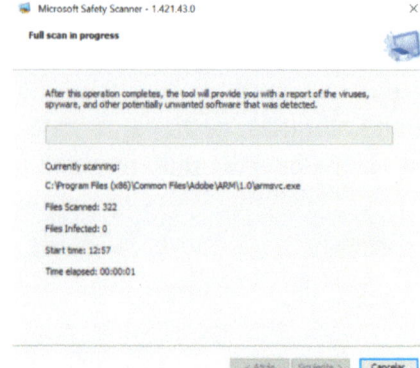

Imagen 30.- Safety Scanner. Capturas de la aplicación. Fuente: autor. Fecha: 2024.

Además de este potente antivirus gratuito que nos proporciona Microsoft, exsiten otros de terceros, como por ejemplo ClamWin, el cual es de código abierto; se descarga, se ejecuta y se actualiza diariamente con los otros usuarios (tipo Panda Cloud) pero sin necesidad de tenerlo instalado, es decir, que cuando se necesite analizar el equipo se tendrá que ejecutar el programa, sino no analizará nada.

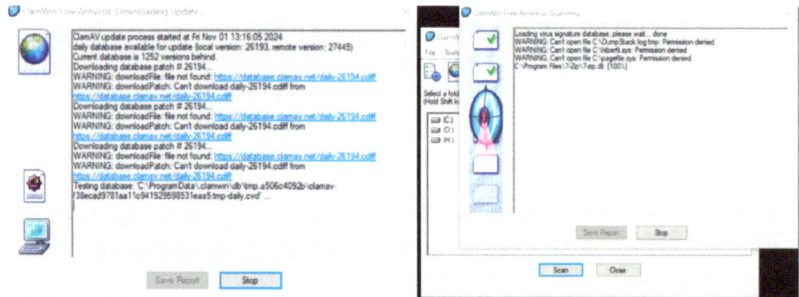

Imagen 31.- ClamWin. Capturas de la aplicación. Fuente: autor. Fecha: 2011.

Otro de los puntos fuertes es tener los discos duros ordenados, y no sólo del orden propio, sino del interno de los clúster, es por esto que es conveniente un buen desfragmentador, uno de los más utilizados es O&O Defrag, tiene una versión de prueba, otra gratuita con limitaciones y luego la profesional por un módico precio; el cual se paga una vez para esa versión y no es necesario renovar, ni tiene subscripciones.

Tiene una interfaz muy intuitiva y es muy fácil de manejar:

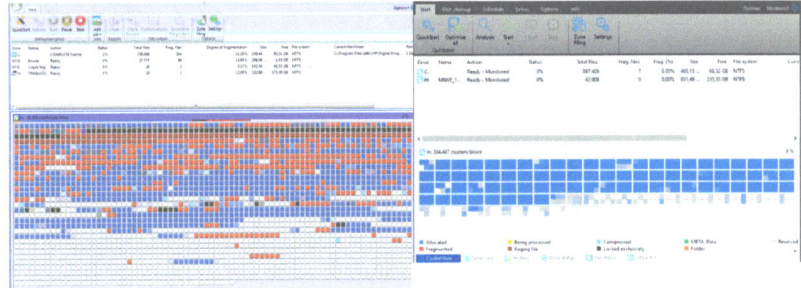

Imagen 32.- O&O Defrag. Versión 15 VS 27. Fuente: autor. Fecha: 2011/2024.

En el botón Start se selecciona el tipo de desfragmentado y una vez elegido, se dará a START para comenzar con el proceso. Lo bueno de este programa es que se puede iniciar con Windows y que esté constantemente desfragmentando, algo que, en realidad, no es recomendable, pues es una forma de ralentizar el equipo, pero ahí está la opción.

Por supuesto, no hay que olvidar, que se deberían realizar copias de seguridad por si se pierden datos, o algún hacker simpático nos borra algo.

También existe una aplicación, que sí viene con Windows, la cual se podrá ejecutar escribiendo el comando de MS-DOS: chkdsk (sigue existiendo tras la actualización del artículo).

Chkdsk se utiliza para comprobar el sistema de archivos de un disco duro o unidad extraíble. Chkdsk puede recuperar información de sectores defectuosos y reparar (si es posible) dichos sectores.

CHKDSK tiene 2 comandos que son los más importantes y útiles:

Chkdsk /r: Encuentra sectores dañados y recupera la información legible (implica /F).

Chkdsk /f: Corrige los errores del disco.

La utilización es la siguiente:

Se deberá posicionar en la unidad que se quiera verificar, dentro de MS-DOS (símbolo de sistema en la actualidad) [cmd.exe].

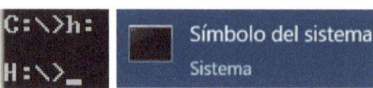

Una vez está activa la unidad deseada, se deberá escribir el comando chkdsk /r

En caso de que se haga en C, o en la unidad en la que esté instalado el sistema operativo, aparecerá el siguiente mensaje:

```
C:\>chkdsk /r
El tipo del sistema de archivos es NTFS.
No se puede bloquear la unidad actual.

CHKDSK no se puede ejecutar porque otro proceso ya está usando el
volumen. ¿Desea que se prepare este volumen para que sea comprobado
la próxima vez que se reinicie el sistema? (S/N) _
```

Administrador: Símbolo del sistema

```
C:\>chkdsk -r
Unidad, ruta de acceso o nombre de archivo no válido

C:\>chkdsk /r
El tipo del sistema de archivos es NTFS.
No se puede bloquear la unidad actual.

CHKDSK no se puede ejecutar porque otro proceso ya está usando el
volumen. ¿Desea que se prepare este volumen para que sea comprobado
la próxima vez que se reinicie el sistema? (S/N) s

Este volumen se comprobará la próxima vez que se reinicie el sistema.

C:\>_
```

Al responder con una S, se deberá reiniciar el equipo para que compruebe el sistema de archivos.

En cambio, si se hace sobre cualquier otra unidad que no haya sistema operativo aparecerá lo siguiente:

```
D:\>chkdsk /r
El tipo del sistema de archivos es NTFS.
No se puede bloquear la unidad actual.

Chkdsk no puede ejecutarse ya que el volumen está siendo usado por otro
proceso. Chkdsk puede ejecutarse si se desmonta previamente este volumen.
TODOS LOS IDENTIFICADORES ABIERTOS A ESTE VOLUMEN NO SERÁN VÁLIDOS.
¿Desea exigir el desmontaje de este volumen? (S/N) _
```

Antes de responder que sí, se deberán cerrar todos los programas que estén abiertos en dicha unidad, una vez hecho, se podrá dar a sí y se podrá ir viendo el resultado (existen algunos casos en los que la unidad no puede desmontarse y ocurrirá lo mismo que si fuera la unidad C):

```
D:\>chkdsk /r
El tipo del sistema de archivos es NTFS.
No se puede bloquear la unidad actual.

Chkdsk no puede ejecutarse ya que el volumen está siendo usado por otro
proceso. Chkdsk puede ejecutarse si se desmonta previamente este volumen.
TODOS LOS IDENTIFICADORES ABIERTOS A ESTE VOLUMEN NO SERÁN VÁLIDOS.
¿Desea exigir el desmontaje de este volumen? (S/N) s
Volumen desmontado. Todos los identificadores abiertos a este volumen no son
válidos ahora.
La etiqueta de volumen es Emule.

CHKDSK está comprobando archivos (etapa 1 de 5)...
  31536 registros de archivos procesados.
Comprobación de archivos completada.
  47 registros de archivos grandes procesados.
  0 registros de archivos no válidos procesados.
  0 registros de EA procesados.
  0 registros de análisis procesados.
CHKDSK está comprobando índices (etapa 2 de 5)...
  32552 entradas de índice procesadas.
Comprobación de índices completada.
  0 archivos no indizados examinados.
  0 archivos no indizados recuperados.
CHKDSK está comprobando descriptores de seguridad (etapa 3 de 5)...
  31536 SD/SID de archivo procesados.
Comprobación de descriptores de seguridad completada.
  509 archivos de datos procesados.
CHKDSK está comprobando el diario USN...
  33779888 bytes de USN procesados.
Se ha completado la comprobación del diario USN.
CHKDSK está comprobando los datos de archivo (etapa 4 de 5)...
19% completado. (694 de 31520 archivos procesados)
```

Este proceso es bastante lento, sobre todo si el disco duro tiene mucha capacidad. Durante la actualización de este artículo se ha comprobado que el proceso sigue siendo lento, sobre todo porque las capacidades de los discos han aumentado.

Una vez completado, obtendremos un resumen detallado de lo que ha hecho el checkdisk.

Hay un programa más, que se debería conocer, el cual ayuda bastante a mejorar el rendimiento del equipo (siempre marcando los límites con un buen formateo), este programa es el Tune Up, es un programa bastante completo, analiza el equipo buscando posibles fallos, sobre todo en el registro, es decir, busca claves que ya no sean necesarias. Por ejemplo, muchas veces al desinstalar algún programa deja rastro en el ordenador, TuneUp se encarga de borrar todo rastro. Por desgracia, durante la actualización de este artículo se pudo comprobar que ya no está en funcionamiento.

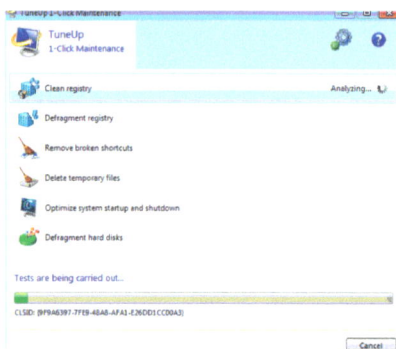

Imagen 33.- TuneUp. Capturas de la aplicación. Fuente: autor. Fecha: 2011.

Además, busca vulnerabilidades en el equipo:

Hay 2 interfaces, la primera es con un asistente, que es la más rápida y cómoda, y la segunda es la avanzada:

Esta no tiene más, analiza los distintos puntos del equipo, y da opción para corregirlo.

Y la siguiente, ofrece un resumen bastante detallado de todo lo que se puede hacer.

15.- BIBLIOGRAFÍA

Ali Bravo, C. (2024). Cómo los ciberdelincuentes roban cuentas de PlayStation. https://www.welivesecurity.com/es/seguridad-digital/como-los-ciberdelincuentes-roban-cuentas-de-playstation/.

Baudis, N. (2021). ciptografía. https://view.genially.com/611ce532d7ce440d9091dd72/interactive-content-criptografia.

BOE. (1996). Real Decreto Legislativo 1/1996, de 12 de abril, por el que se aprueba el texto refundido de la Ley de Propiedad Intelectual, regularizando, aclarando y armonizando las disposiciones legales vigentes sobre la materia. Nº 97, 22/4/1996.

BOE. (2021). Real Decreto 1888/2011, de 30 de diciembre, por el que se fija el salario mínimo interprofesional para 2012. https://www.boe.es/diario_boe/txt.php?id=BOE-A-2011-20645#:~:text=El%20salario%20m%C3%ADnimo%20para%20cualesquiera,por%20d%C3%ADas%20o%20por%20meses.

Cabrera, J. (2024). Principales ciberataques en España en 2024. https://www.channelpartner.es/seguridad/principales-ciberataques-en-espana-en-2024/.

Casillas, C. (2021). El FBI rompe el mito del anonimato del bitcoin . https://www.finanzas.com/divisas/el-bitcoin-se-hunde-tras-ponerse-entredicho-su-seguridad-anonimato.html.

Cryptomus. (2024). ¿Pueden rastrearse las transacciones de Bitcoin? https://cryptomus.com/es/blog/the-truth-about-anonymous-crypto-transactions?srsltid=AfmBOopoXEpdqJCIRoJeaYP6Zk580APTPzHtUHUg2rs81qo7T1-vaYRg.

EFE. (2007). El 93 por ciento de los cines cierra en protesta por la obligación de proyectar películas españolas. https://www.libertaddigital.com/sociedad/el-93-por-ciento-de-los-cines-cierra-en-protesta-por-la-obligacion-de-proyectar-peliculas-espanolas-1276307973/.

Eleconomista. (2015). El antivirus gratuito AVG venderá los datos de navegación de sus usuarios. https://www.eleconomista.es/tecnologia/noticias/7015868/09/15/El-antivirus-gratuito-AVG-vendera-los-datos-de-navegacion-de-sus-usuarios.html.

Ferreño, Eder. (2020). Avast y AVG han estado vendiendo tus datos a terceros. https://www.profesionalreview.com/2020/01/28/avast-y-avg-han-estado-vendiendo-tus-datos-a-terceros/.

Galende Díaz, J. C. (1995). Criptografía: historia de la escritura cifrada. Complutense.

Gómez Urgellés, J. (2018). Matemáticas y códigos secretos. RBA.

Gutiérrez Astilleros, P. (2018). El cifrado de comunicaciones, uno de los inventos que ha cambiado el mundo. https://www.telefonicaempresas.es/grandes-empresas/blog/cifrado-de-comunicaciones-un-invento-que-ha-cambiado-el-mundo/.

Hernández Encinas, L. (2016). La criptografía. Los libros de la catarata.

Hive Systems. (2024). Are Your Passwords in the Green? https://www.hivesystems.com/blog/are-your-passwords-in-the-green?utm_source=header.

Hoyos A, G. (2012). Transposicion. https://es.slideshare.net/slideshow/transposicion/13461458.

Kingston. (2019). ¿Cuál es la diferencia entre USB 3.1 Gen 1, Gen 2 y USB 3.2? https://www.kingston.com/es/usb-flash-drives/usb-30.

Kingston. (Consultado 2024). SSD SATA A400. https://www.kingston.com/datasheets/SA400_es.pdf.

Maturana, J. (2024). Qué datos tuyos tienen los hackers de la DGT tras la filtración de 34,5 millones de usuarios. https://es.euronews.com/my-europe/2024/06/01/que-datos-tuyos-tienen-los-hackers-de-la-dgt-tras-la-filtracion-de-345-millones-de-usuario.

Montesinos Nolasco, E. (2024). Caso Interbank: Lo que

habría detrás de la extorsión al banco con la filtración de datos de clientes. https://www.infobae.com/peru/2024/10/31/caso-interbank-filtracion-de-datos-de-millones-de-clientes-se-habria-dado-tras-fallidas-negociaciones-con-extorsionador-digital/.

MSI. (Consultado 2024). SPATIUM M570 PRO PCIe 5.0 NVMe M.2 FROZR. https://es.msi.com/Storage/SPATIUM-M570-PRO-PCIe-5.0-NVMe-M.2-FROZR/Specification.

Pereyra Colchado, G. (2024). Nueva filtración de datos alcanzaría a Reniec, Sistemas PNP y Topitop: todo sobre supuesta difusión en BreachForums. https://elcomercio.pe/lima/nueva-filtracion-de-datos-alcanzaria-a-reniec-y-topitop-lo-que-se-sabe-de-la-supuesta-difusion-en-breachforums-interbank-plin-miraflores-datos-personales-expuestos-ciberseguridad-hacker-noticia/.

Plaza Martín, F. J. (2021). Manual de Criptografía: Fundamentos matemáticos de la Criptografía para un estudiante de Grado. Universidad de Salamanca.

Ríos, J. (2024). Estos son los impuestos que se deben pagar al comprar un dispositivo tecnológico en España. https://www.infobae.com/tecno/2024/05/06/estos-son-los-impuestos-que-se-deben-pagar-al-comprar-un-dispositivo-tecnologico-en-espana/.

S4vitar. (2024). ASÍ HACKEARON al Banco de Perú Interbank. https://www.youtube.com/watch?v=xxdq3q4W6JE.

Salas Molina, F. (2021). Turing y el lenguaje de las máquinas. Languajes Paralolas.

Salgado, V. (consultado 2024). El canon NO ES una compensación por la piratería. https://pintos-salgado.com/el-canon-no-es-una-compensacion-por-la-pirateria/#:~:text=En%20contra%20de%20lo%20que,de%20las%20descargas%20en%20Internet.

Stephenson, N. (2005). Criptonomicón II: el código Enigma. Zeta Bolsillo.

Valencia Tarazona, D. J. (2009). Criptografía. Bucarmanga.

Verbatim. (Consultado 2024). Explicación de los estándares USB. https://www.verbatim-latinoamerica.com/usbexplained.

Yúbal, F. (2021). Tipos de USB: estándares, conectores y características de cada uno. https://www.xataka.com/basics/tipos-usb-estandares-conectores-caracteristicas-cada-uno.

www.ingramcontent.com/pod-product-compliance
Lightning Source LLC
Chambersburg PA
CBHW040317220526
45473CB00009B/2469